光尘
LUXOPUS

小児科医が教える子どもの脳の成長段階で「そのとき、いちばん大切なこと」

养育
最重要的事

生存能力
才是孩子
安身立命
的基石

[日] 奥山力 著 傅彦瑶 译

北京联合出版公司
Beijing United Publishing Co.,Ltd.

图书在版编目（CIP）数据

养育最重要的事 /（日）奥山力著；傅彦瑶译. —北京：北京联合出版公司，2023.9
ISBN 978-7-5596-7002-1

Ⅰ.①养⋯ Ⅱ.①奥⋯ ②傅⋯ Ⅲ.①家庭教育 Ⅳ.① G78

中国国家版本馆 CIP 数据核字（2023）第 111236 号

北京市版权局著作权合同登记号　图字：01-2023-3095 号

"SHOUNIKAI GA OSHIERU KODOMO NO NOU NO SEICHODANKAI DE 'SONO TOKI ICHIBAN TAISETSU NA KOTO'" by Chikara Okuyama
Copyright © 2021 Chikara Okuyama
All Rights Reserved.
Original Japanese edition published by Nippon Jitsugyo Publishing Co., Ltd.
This Simplified Chinese Language Edition is published by arrangement with Nippon Jitsugyo Publishing Co., Ltd.through East West Culture & Media Co., Ltd., Tokyo

本书简体中文版由北京光尘文化传播有限公司与北京联合出版公司联合出版
本书仅限中国大陆地区发行销售

养育最重要的事

作　　者：[日] 奥山力
译　　者：傅彦瑶
出 品 人：赵红仕
策划编辑：慕　虎
责任编辑：李艳芬
营销编辑：王林亭
装帧设计：page 11
特约监制：李思丹
出版统筹：慕云五　马海宽　杨　智

北京联合出版公司出版
（北京市西城区德外大街 83 号楼 9 层　100088）
北京联合天畅文化传播公司发行
文畅阁印刷有限公司印刷　新华书店经销
字数 122 千字　880 毫米 ×1230 毫米　1/32　7.75 印张
2023 年 9 月第 1 版　2023 年 9 月第 1 次印刷
ISBN 978-7-5596-7002-1
定价：59.00 元

版权所有，侵权必究
未经书面许可，不得以任何方式转载、复制、翻印本书部分或全部内容。
本书若有质量问题，请与本公司图书销售中心联系调换。电话：（010）64258472-800

"快乐育儿"由此开始——

序

哭泣的婴儿正在想什么呢？

是饿了吗？
吃了奶，但是没吃饱？
冷了？热了？
有点害怕？
哪里不舒服？
哪里疼？
要不要去医院？
到底该怎么办才好？
为什么这孩子要哭呢？

　　孩子的行为表现即使和哥哥姐姐一样，也可能有着完全不同的含义。

　　看待问题的角度不对，或者坚守一些先入为主的观念，都有可能造成严重的后果。

　　可人们还是要求孩子的父母在一夜间成为育儿专家。这真是一件可怕的事。

序

怎样才能好好养育自己的孩子呢？

百分百按照育儿书上说的做，就一定能行吗？

每个孩子都是不同的

照搬育儿书上的方法，最后肯定是徒劳无功的。因为==育儿书上写的孩子，并不是你的孩子==。那该怎么办呢？

首先要有一双眼睛，去观察眼前这个孩子。

为此我们需要好好理解"孩子"，这个和家长有着不同成长过程的存在。

==不要用以往的经验来理解儿童的成长，而要从"儿童大脑发育"的角度出发，由爸爸、妈妈和孩子一起，找到适合眼前这个孩子的育儿方法。==

如何才能和孩子一起共享愉快的育儿时光？一起通过这本书，探索只有你们才能找到的方法吧。

你希望如何培养自己的孩子？

虽然有点唐突，但请回答以下的问题：

你希望孩子成为"完美符合家长期望的人",还是希望孩子"自豪地活出自我"?

如果是前者,孩子会只关注结果,在狭隘的价值观里逐渐忽视自己成长中的变化。

即使在旁人看来,结果是极好的,可他如果没有生活在自己真正渴求的世界里,他的内心就得不到满足,由此可能导致过低的自我评价。

如果是后者,孩子的大脑网络连接丰富广泛,则更有可能成为自我评价较高的人。

这类孩子能够发现自己能做什么,不能做什么。他们了解自己,可以找到自己喜欢做的事情。

或许他们无法成为父母期待的样子,或许在旁人看来他们得不偿失,但我认为他们自己一定能感受到人生的精彩。

==仅仅是得到什么成就,或掌握什么能力,并不一定能带来自我评价的提高。自我评价是在一个允许自己追求理想的环境下,在不断挑战的过程中逐渐提高的。==

自我评价低的人不仅无法认可自己,还会因内心的不安情绪,而难以把握与他人之间的恰当距离。

自我评价高的人更懂得如何控制自己,而自我评价低的人

序

由于过分在意结果或周围人的眼光，会更想要控制他人。有时，这种对他人的掌控欲甚至会导致霸凌等行为。

遗憾的是，对于那些希望把孩子培养成他们理想中的样子的父母，读这本书或许纯属浪费时间。

==适合阅读这本书的，是希望通过了解孩子大脑成长的规律，帮助孩子发挥与生俱来的特长的家长。==

不为他人所左右，同时又保持着良好的社会合作与人际关系，这是很难办到的事。

想要培养出这样的孩子需要因材施教。即使家里孩子多，每个孩子也都需要用不同的方法。

如果身边有知道这个方法的人，孩子也能更安心地享受每一天吧。您不觉得吗？

育儿不轻松，也不简单。

==不过，理解"儿童大脑发育的机制"，掌握从"儿童视角"出发的诸多技巧之后，即使觉得自己没做好也无妨，我们还是能够放松身心，享受育儿的快乐。==

通过这本书，您将从"快乐育儿"这一新角度出发，享受育儿的过程。

奥山力

目录

序

第 1 章　儿童大脑发育各阶段最重要的事

儿童大脑发育的规律 —————————————— 002

儿童大脑发育的三个阶段 ———————————— 008

幼儿期最重要的事：
让孩子明确感受到"安全感" ——————————— 011

幼儿期最重要的事：
在孩子混乱时，帮他减少信息 —————————— 013

任何时期都很重要的事：
不妨做个"坏孩子" ——————————————— 016

任何时期都很重要的事：
强化有益连接，让成长脑得到满足 ———————— 020

学龄期最重要的事：
让孩子懂得接受真实的自己 ——————————— 023

目录

任何时期都很重要的事：
"样样都好的孩子"是危险的 —————— 025

学龄期最重要的事：
接纳孩子最原本的样子 —————— 029

学龄期最重要的事：
不妨做"不靠谱的父母" —————— 031

青春期最重要的事：
父母的直接参与应到青春期为止 —————— 035

青春期最重要的事：
培养孩子与他人共情的能力 —————— 038

青春期最重要的事：
让孩子亲身体验比说教更重要 —————— 040

任何时期都很重要的事：
要让孩子认识到自己的重要性 —————— 043

第 2 章 儿童大脑发育各阶段与孩子的沟通技巧

幼儿期最重要的事：
用拥抱和眼神交流为孩子安装"干劲开关" ——— 050

幼儿期最重要的事：
爸爸也能做到的"宝宝止哭法" ——— 053

任何时期都很重要的事：
既不肯定也不否定的万能魔法句子 ——— 058

任何时期都很重要的事：
不要认为不是 100 就是 0 ——— 062

任何时期都很重要的事：
孩子解决问题的能力不容小觑 ——— 064

任何时期都很重要的事：
不否定、不失望，聆听就是最好的魔法 ——— 067

任何时期都很重要的事：
不要让孩子陷入双重束缚的困境 ——— 069

任何时期都很重要的事：
如果语言和表情矛盾，孩子就会陷入恐慌 ———— 071

任何时期都很重要的事：
如果前言与后语矛盾，孩子就会无所适从 ———— 074

任何时期都很重要的事：
向孩子传达指令时要调整好情绪 ———— 078

任何时期都很重要的事：
孩子说的无论真假，我们都要倾听 ———— 080

任何时期都很重要的事：
使用倾听技巧让孩子说出自己的想法 ———— 082

任何时期都很重要的事：
自己说话有人听，孩子就能倾听别人 ———— 085

第 3 章 表扬和惩罚孩子真正有效的方式

任何时期都很重要的事：
要抓住有效表扬的两个正确时机 —————— 092

任何时期都很重要的事：
"意料之外的表扬"的最佳应用场景 —————— 097

任何时期都很重要的事：
措辞和态度会让表扬的效果大为不同 —————— 099

任何时期都很重要的事：
"无视"是调整孩子不良行为的重要技巧 —————— 102

任何时期都很重要的事：
能让孩子理解的正确"无视"法 —————— 106

任何时期都很重要的事：
牢记"表扬"和"无视"针对的是具体行为 —————— 111

幼儿期最重要的事：
根据不同的行为目的回应孩子————————114

幼儿期最重要的事：
看起来一样的行为应对方式也是不同的————————121

任何时期都很重要的事：
惩罚孩子前，要让他先理解规则————————126

第 4 章 坚强的孩子是怎样炼成的

幼儿期最重要的事：
如何才能培养一个坚强的孩子 ——————— 134

任何时期都很重要的事：
压力的机制和如何控制压力 ——————— 137

任何时期都很重要的事：
"压力"与"记忆"之间的关系 ——————— 143

任何时期都很重要的事：
如何帮助大脑缓解创伤记忆 ——————— 146

任何时期都很重要的事：
帮助孩子处理负面情绪的正确方法 ——————— 150

幼儿期最重要的事：
限制孩子所处的环境，而不是孩子的行为 ——————— 154

任何时期都很重要的事：
如何与孩子一起应对他的糗事 ——————— 157

目录

任何时期都很重要的事：
"学会放弃"也是很重要的事 ——— 161

青春期最重要的事：
孩子激烈言辞背后的真正意思 ——— 164

任何时期都很重要的事：
"逃避"是孩子面对压力的一大技巧 ——— 167

任何时期都很重要的事：
面对压力，不可缺少的"逃跑"技能 ——— 173

青春期最重要的事：
家长如何理解孩子内心的呐喊 ——— 180

幼儿期和学龄期最重要的事：
让孩子获得安全感的魔法"Only You" ——— 184

幼儿期和学龄期最重要的事：
"Only You"塑造孩子的行为 ——— 189

第 5 章 如何与"问题孩子"相处

任何时期都很重要的事：
依恋障碍与发育障碍并非与我们无关————194

任何时期都很重要的事：
如何与"心灵受伤的孩子"相处————197

任何时期都很重要的事：
如何与"心灵闭塞的孩子"相处————200

任何时期都很重要的事：
如何与"无法坦然接受爱意的孩子"相处————205

任何时期都很重要的事：
理解"在发育方面与众不同"的孩子————208

目录

第6章 芬兰人是如何育儿的?

任何时期都很重要的事:
从芬兰学到的"养育最重要的事" ——— 212

幼儿期最重要的事:
"守护"也是重要的育儿技巧 ——— 216

学龄期最重要的事:
芬兰孩子学习的"辩论规则" ——— 220

任何时期都很重要的事:
芬兰爸爸快发怒时,就会去听森林的声音 ——— 222

结束语

第 1 章

儿童大脑发育各阶段最重要的事

儿童大脑发育的规律

● "育儿"究竟指什么？

<mark>"育儿"不是为了大人，而是为了孩子。</mark>

让孩子在成长的过程中逐渐发现自己与生俱来的个性，家长在此过程中只需跟随孩子成长的脚步即可。

为此我们需要从"孩子的视角"出发，思考什么才是"恰当的行为"，<mark>可如果只是一味地听从孩子，则反而会被孩子控制。</mark>

被孩子所掌控不仅无益于孩子成长，对于大人来说也十分痛苦，育儿也将变得不再快乐。

首先，我们可以通过本章，系统理解"儿童大脑发育"，掌握一些不被孩子控制的快乐育儿方法。

第1章 儿童大脑发育各阶段最重要的事

"儿童大脑发育"是从何时开始的?

是从母亲怀上宝宝的那一刻吗?不,并不是。

据说是从母亲怀孕更早的几代人之前就开始了。

通过动物实验以及对受虐待儿童大脑的研究,我们发现,脑损伤的影响将跨越几辈人。

如此一来,或许有人会认为:"如果大脑发育从出生前就已决定,现在再努力也是白忙一场吧?"别担心。

经过许多研究,人们逐渐发现,通过创造良好的大脑网络连接,即使是受损的大脑也能在发育过程中迈出崭新的一步。

那么,就让我们先来了解一下"儿童大脑网络结构"吧。

大脑网络结构

孩子到了两岁左右,与人的互动就开始变多了,同时也会变得不听话,不好管教。如果有兄弟姐妹的话,对于妈妈来说更是开启了"地狱模式"。

为了让孩子听话,妈妈又是鼓励,又是安慰,又是批评,试尽了各种方法，但结果却总是起到反作用，老母亲的暴躁情绪也达到了顶峰。

育儿书上写了许多针对这一时期的办法，但如果不理解"儿童大脑网络连接"的特征，就会掉入陷阱，十年后尝到苦果。

还不仅是尝苦果这么简单，到时候每天都会变得像"地狱"一样。所以，一定得注意。

在了解"儿童大脑网络连接"后，==“成长脑（期）与成熟脑（期）的区别”和"神经回路的构建"==这两个问题的重要性便凸显而出。

大脑的网络连接最初并非一对一，而是同时存在多种连接。

在"成长脑"中，一开始有许多复杂的连接，有需要的地方会处理更多信息，因而得到强化，并且最终保留下来，而非必要的地方处理的信息少，最终则逐渐被修剪掉。

不断重复这一过程就会形成没有多余连接的"成熟脑"（参见图 1-1）。

第 1 章　儿童大脑发育各阶段最重要的事

成长期　　**突触修剪**　　**成熟期**

图 1-1　成长期内神经回路的重构

▶ 成长期内，一个神经元会试图与多个神经元连接，而随后，在环境、经验等外界刺激的影响下，得到强化的连接会保留，不必要的连接则会被修剪，最终形成富有功能性的、毫无多余的成熟回路。

因此，在谈论修剪的优劣之前，首先我们要明白"大脑网络连接"的机制。

在虐待等强烈抑制的状态下，神经元会减少连接。也就是说，大脑会变得一片空白。

连接大脑网络，培养丰富内心

一到两岁是大脑网络飞速发展的时期，十分容易产生连接。

就身体发展而言，从爬到站和走，再到跑，这也是我们一生中进步最大最快的时期。

幼儿时期，大脑网络变化剧烈，十分容易建立连接。如图 1-2 所示，这个阶段的大脑可以建立起非常细密的连接。

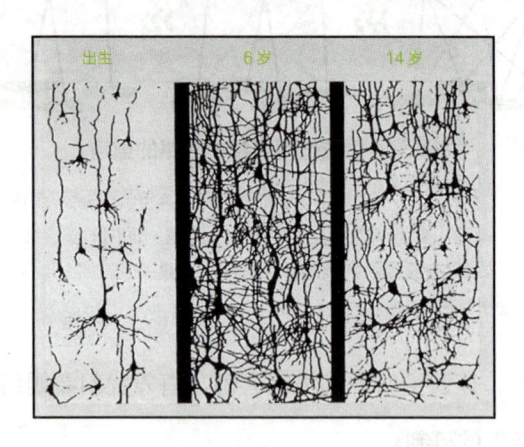

图 1-2

▶ 上图展示了正常发育的儿童大脑网络连接情况。出生时连接稀疏，六岁左右连接变得细密起来。而在迎来青春期的十四岁左右，大脑网络经过修剪，逐渐显示出了比较稳定的成熟脑形态。

来源：澄子·轩尼诗《依恋关系的重要性与依恋关系的修复》

可同时，因为输入的信息量巨大，大脑来不及处理，所以孩子看起来总是不安分的样子。不过，这时大脑边缘系统等处理感情的部分也开始成长了。

孩子出现不听话的情况，一般被称为"第一叛逆期"。这一时期大脑开始变得情感丰富起来，因此，就像青春期被称为"第二成长期"一样，我把幼儿期称为"大脑的第一成长期"。

在这一时期拓展"成长脑"网络的广度，对于后期强化与自己观点相符的大脑连接从而形成"成熟脑"而言十分重要。

儿童大脑发育的三个阶段

大脑发育的每个阶段重点都不同

儿童大脑的发育在大脑研究领域大致被分为"幼儿期（上小学前）"、"学龄期（小学高年级前）"、"青春期（小学高年级后）"三个阶段。

在每个成长阶段，最重要的事情各不同。

在幼儿期，让孩子感到安心比什么都重要。

对这个时期而言，表达负面情绪也十分重要。

家长们还需要有"限制环境，但尽量不要限制行为"这一意识。这一点在本书第四章中会详细解释。

学龄期的关键，在于通过表扬和肯定提高孩子的自我评价。

其前提是让孩子感受到自己说的话会被倾听。

而十岁以后，进入青春期时，就要通过实际的负面体验，让他明白什么样的行为是合适的，并且要拓展他的"回避技能"（详见后述）。

==在青春期，与被表扬相比，自己的观点受到认可更能让孩子发展出独立思考的能力。==

家长们不必过分追求结果，只要守护他不断挑战新事物即可。

家长要帮助孩子培养"生存能力"

家长很容易拿自己的孩子去和别人的孩子作比较。"别人家孩子已经会做乘法了"、"别人家孩子跳绳已经能双摇了"……然后一会儿让孩子学这个，一会儿学那个。有一些家长十分注重早教和超前教育，可是对于站在你面前的这个孩子来说，到底什么才是最重要的呢？

我认为是"生存能力"。为此，==我们需要理解儿童大脑在各个发育阶段中最重要的事情。==

这当然不是说我们就可以不管学习和运动了。==无论学习==

==还是运动，其前提都是生存能力。而生存能力的基石就是与自我肯定有关的"自我评价"。==

家长要从儿童视角出发，按照大脑发育过程中神经网络连接的规律，培养孩子的生存能力。

幼儿期最重要的事：
让孩子明确感受到"安全感"

"依恋障碍"并不代表缺爱

"依恋"到底是什么？

我以前问过孩子正在上幼儿园的妈妈们这个问题，而后得到了以下回答：

- 特别重要、不能分离的感情
- 从内心深处连结在一起的感觉
- 爱，珍惜，共享时间
- 对某个特定的人抱有"这个人可以保护我，能够接受我所有"的想法
- 想要珍惜的感觉
- 守护孩子，给他温暖
- 不管是对人还是对物，想要珍惜、不想失去的心情

大家对"依恋"的印象十分模糊,很多人都认为是"爱"或"珍惜"。

但是,"依恋"不是"爱"。

孩子在感到不安或有危机感时,靠近信赖的人并获得安全感。不断重复这一过程,这就是"依恋行为"。

不断重复以"可以信赖的人 = 安全基地"为中心的"依恋行为",可以培养孩子的"安全感机制"。这就是"依恋"。

随着孩子的成长,即使作为安全基地的那个人不在眼前,这种安全感也会内化,像一颗种子一样,在他心里发芽。

有了这种安全感,孩子就能学会忍耐,变得坚韧,即使在感受到压力时也能自如面对。

从儿童大脑发育的角度来说,我认为"依恋"意味着大脑感到安全的网络连接已经形成。

因此,没有建立起充分的"依恋关系"的孩子活在一个自己并不完全感到安全的世界里,他在处理内心不安时就会非常困难,难以恢复内心的平静。从某种意义上说,他会一直处于一种紧张的状态中。

所以幼儿期最重要的一件事,就是形成"依恋关系"。

幼儿期最重要的事：
在孩子混乱时，
帮他减少信息

如果孩子突然尖叫

回想一下您去幼儿园接孩子回家时的情景。

孩子想和最喜欢的妈妈一起回家，但又想继续玩耍，他没有办法调整这种矛盾心理（对某一事物同时产生两种截然相反的情绪），所以只好尖叫。

受这种心理所困，孩子不知应该处于哪种情绪，所以就陷入了恐慌之中。这时，大脑网络连接呈现混乱的状态。

这时候如果跟他说"快回家吧"，然后强行把他拉走，就相当于又往他的大脑里输入了新的信息，结果会导致原本已经混乱的网络连接更加混乱。

==这个时候，正确的做法应该是尽量不给孩子输入新的信==

息，等他自己处理好。也就是说，不要告诉他怎么做，而是等着他自己安静下来。

这样反而能让孩子更快、更轻易地安静下来，他也能感受到让自己平静下来是一种什么感觉。

每个孩子安静下来所需的时间都不同，重点是在孩子混乱时尽量帮他减少信息。

好好执行和孩子一起制定的规则或程序

制定一些接孩子放学时逐渐结束玩耍的规则，以及从玩耍切换到下一项活动的程序，让这些规则或程序成为孩子每日的习惯也是一个办法。

这些规则或程序要和孩子一起制定，让孩子在实践中尝试、重复，最终找到最适合自己的规则和程序。

如果只是把家长想到的最佳方法强加给孩子，他会因为自己达不到父母的要求而不安，结果适得其反。

让孩子实践这些规则或程序，降低难度直到他们能自信地完成，从而让他们感到安心。这对这一时期的孩子来说非常重要。

第 1 章 儿童大脑发育各阶段最重要的事

和孩子一起制定规则时,需要注意的是,不要立即追求结论,而要从帮助孩子大脑发育的角度来看待问题。

也就是说,家长不要只关注孩子的"行动结果",而要努力发现孩子细微的"行动变化",这也是快乐育儿的关键。

任何时期都很重要的事：
不妨做个"坏孩子"

为什么孩子"坏"反而是好事？

要是说"不妨让孩子做个坏孩子"，肯定有家长要问："为什么我非得把我家宝贝养成一个坏孩子呢？"

还有人会想："把孩子养成坏孩子有什么意义呢？"

其实，孩子的"坏"从大脑发育角度来看是非常重要的。

在"成长脑和成熟脑的区别"部分，我们已经说过，大脑网络连接并非一对一，而是从同时多向的连接开始。

除此之外，大脑网络连接还具有医学性、功能性的特征。

大脑的网络构造基本由"刺激连接"与"抑制连接"组成，二者互相牵制（参见图1-3）。

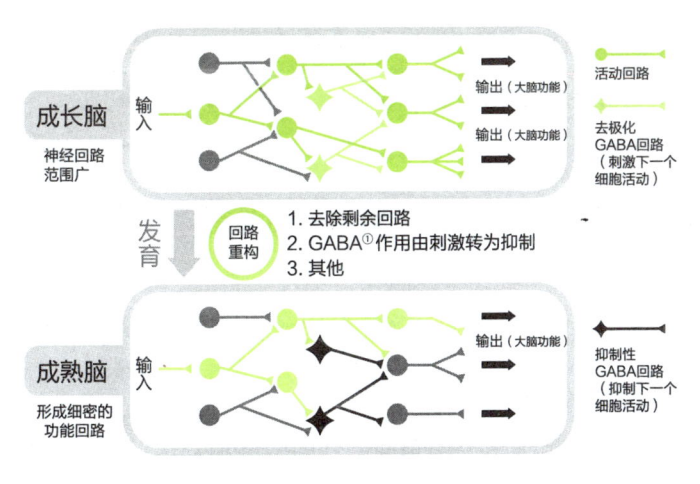

第 1 章　儿童大脑发育各阶段最重要的事

图 1-3　神经回路重构

▶ 来源：《成长期大脑功能回路的重构》（自然科学研究机构生理学研究所　锅仓淳一）

在"成熟脑"中表现出抑制作用的连接，原本在"成长脑"中起刺激作用。

因此，从专业角度来说，保留现在无法抑制的大脑网络连接，能够让长大后"成熟脑"中的抑制连接好好发挥作用。

也就是说，幼儿期孩子的尖叫是多边连接不断拓展的标志，是成长的表现。

---

① 即 γ-氨基丁酸，一种中枢神经触突的抑制性递质。γ-氨基丁酸在人体大脑皮质、海马、丘脑、基底神经节和小脑中起重要作用，对多种功能具有调节作用。

一定的非公众环境下，允许孩子尖叫，就是在给他一个机会，让他成为更理性的人。

过于严厉会削弱孩子大脑网络的发育

对于儿童的成长脑来说，包括虐待等过于严厉的不恰当回应会让大脑的网络连接变得稀疏。

最后导致情绪控制等抑制性的网络不发达，也就是说，自己很难控制住自己的情绪。

通过虐待等不恰当的方法逼孩子听话，短时间内可能好像塑造出了一个"好孩子"，但大脑的抑制连接却没有得到发展。

更严重的是，大脑整体的网络连接都会变得稀疏，这是一个巨大的潜在问题。

到了前额叶功能发育、自我意识飞跃的青春期，孩子将很难控制自己的感情和行为，那时他们大脑感受到的混乱将是身体尚为弱小的幼儿期所不可比拟的。

青春期是大脑发育的时期，所以我更愿意称之为"第二成长期"，而非"叛逆期"。

如果大人一直都十分尊重孩子的意见，那么他的叛逆就不会表现得那么激烈。

但是，从幼儿期到青春期一直都是"好孩子"的人，他脑内的混乱程度可能会非同一般。他或许会对养育者表现出激烈的言辞和攻击行为，甚至还会出现自残行为。

所以，我们不应该把孩子的成长看成是一个点（结果），而应该是一条线（过程），更进一步说，应该是立体（变化）的。

肯定的评价，对于孩子的成长十分重要

"不妨做个坏孩子"，其实指的是孩子的任性里往往隐藏着通往健康成长的钥匙。

承认孩子现在不听话是因为他还在发育阶段，好好守护他成长，这对之后他学会自我控制十分重要。

可话又说回来，当孩子在人前尖叫，作为父母的我们很难坐视不管。这个时候，到底应该怎么办呢？

在本书第四章中，我们会谈到具体的应对措施，以及如何与孩子相处。

任何时期都很重要的事：
强化有益连接，
让成长脑得到满足

● 让孩子的大脑网络连接得更充分

幼儿期儿童大脑发育的目标是发现自己感兴趣的事，从某种意义上说，无论是好的方面还是坏的方面，大脑网络都应该产生连接。

而父母要做的，就是在孩子已经连接的大脑网络里，刺激有益连接，帮助孩子强化这些连接；避免刺激有害连接，从而达到切断有害连接的效果。

● 表扬好行为，不刺激坏行为

"强化"或"切断"大脑网络连接听起来有些难懂，所以

第1章　儿童大脑发育各阶段最重要的事

不妨试想一下以下情景。

比如，孩子吵着说："妈妈，今天有件很厉害的事，你听我说……"

可是妈妈正在忙着做晚饭，所以就回答道："对不起，我现在很忙，等下再跟我说好吗？"

有些孩子就是希望妈妈马上听自己说话，所以会不停地重复。可如果妈妈还是不听，他就会出言不逊："不听就算了，傻瓜！老妖婆！"

这时候妈妈急了："啥？怎么跟妈说话呢！"气氛就变得紧张起来。

这里有一点需要注意。

忙到没有空听孩子讲话的妈妈竟然会给出"怎么跟妈说话呢"这样的回应。

就结果而言，母亲只有在孩子表达负面情绪时才会听见孩子的话。

也就是说，她刺激并强化了孩子大脑中的有害连接。

这个时候，如果从一开始就不打算听孩子说话，那么也不应该对孩子的恶言作出反应。

等到孩子不再口出恶言时，再对他停止说脏话的这一行

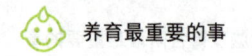

为进行表扬。

或许有些家长会疑惑为什么要进行表扬，其实这样就等于不刺激坏行为，而是刺激并强化了停止坏行为的行为，这就是切断有害连接的有效方法（详见第三章）。

站在"孩子的大脑正在发育"的角度守护孩子成长

"成长脑"喜欢调皮捣蛋，喜欢新奇事物。孩子脑袋里藏着的绝妙主意超乎大人想象。

在家长看来很冒失的行为，对于孩子来说却趣味无穷。

孩子的行为可能会让父母感到不快，可是这些行为对于孩子的大脑发育而言十分重要。

家长要知道"这个孩子的大脑正在飞速发育"，然后守护他们成长。这样就不会再把孩子当作捣蛋鬼，而是以一种兴奋的心情看着他们长大。

同时，家长还要注意不要被孩子所控制。

这时，大人处理自身压力的方法就是关键。孩子看待事情的角度独特，和大人不同，为了接受并欣赏他们的看法，家长需要开拓自己的视野。

学龄期最重要的事：
让孩子懂得接受真实的自己

通过包括失败在内的各种经历，发现和接受自我

学龄期最重要的是给孩子创造一个环境，让他找到自己感兴趣、想不断努力提升的学科或运动，并允许他尽情地玩耍。

这是为儿童大脑发育打下基础的重要时期。

比起学习知识或全力练习一项技能，让孩子尽情享受他感兴趣的事，给他一个可以自由探索的环境更为重要。

不断积累这样的经验，孩子就会萌生出"自我意识"。

家长常常会担心孩子的未来，费心去替他铺平道路，但是这样的话孩子就很难发现什么事是自己能做到的，什么又是自己做不到的。

有一些事情需要通过失败才能明白。在失败里，他才有机会客观地认识自己的能力范围。

==只有接受了包括失败在内的真实的自己，孩子才算是站在了靠自己的力量活下去的起点上。==

接受了自己的失败后，孩子的意识就会从他人转向自己。他的关注点会从他人的相对评价转移到自我评价上。

之后再遇到失败，他就能积极地听取他人的意见了。

==他不再会认为当下做不到是一件很糟糕的事，而是会把它当作一个想要达成的目标。也就是说，他会拥有梦想。==

像这样为大脑网络连接打好基础的孩子，以后会对活出自己的个性感到骄傲，对自己的评价也会比较高。

要想让孩子走上自己的人生之路，父母那守护他的眼神也很重要。

家长需要看清眼前的这个孩子是"对自己更感兴趣"呢，还是"过分在意别人的看法却忽视了自我"呢？这样的眼神在快乐育儿中也很关键。

任何时期都很重要的事：
"样样都好的孩子"是危险的

● 做个好孩子，并非好事

有一次，一位母亲跟我诉说了和孩子在一起时的状况有多糟糕。

"我家孩子到小学五年级都一直是一个听家长话的好孩子，非常服从管教。

"孩子他爸也会参与育儿，但他太严厉了，偶尔还会动手。这和我的教育理念不同，有时孩子也感到困惑。

"不知道为什么到了小学六年级，孩子表现出不想去上学的样子，上初中后开始强烈地表示自己没信心，然后就完全不去上学了。

"他还经常指责我这个当妈的，说'我变成这样都是因为你们对我不好'。

"他还说'一想起以前的事就想死',然后变得越来越讨厌自己。

"从那时候起,他开始自残和大量服药,说'我要让你更痛苦'。

"我至今都没法和别人说我家这孩子的事儿,可又没其他办法,也不可能逃避。我都快疯了。

"为什么之前那么听话的孩子,现在像变了个人似的?我该怎么面对我的孩子呢?"

孩子到了上学的年纪,我最关心的就是无论在幼儿园、小学,还是家里都表现得"样样都好"的孩子。

因为孩子的大脑还处于发育阶段,他们看待事物的角度和大人不同,他们常常不明白自己行为的意义,所以从某种程度上说,他们会干坏事是很自然的。

但是,==在所有场合都表现得乖巧的孩子经常过分强烈地感到自己必须做个好孩子,否则就不会被接纳。==

"必须做个好孩子"这种想法会掩盖孩子的本性。

这种状态下的大脑无法发展多边连接,孩子会过于关注不得不做的"结果"。

"好孩子"这一标签会在青春期产生反作用

按照大人的要求行动的好孩子可能只是比较方便照顾而已。大人很容易觉得"比较好带就是好孩子"。

可是这个时期越是被看作好孩子,之后就越有可能发生可怕的变化。

孩子到了青春期,掌管思考、记忆、感情、行为的前额叶皮质的敏感度增强,大脑网络也更容易自发地产生连接。这时候这个区域就会萌发"自我"的意识。

有了"自我意识"后,本来自己该走的路,和一直以来家长安排好的路发生分歧,分歧越大,孩子就越迷茫,就像迷路了一样,不知该往哪儿走。

为了避免孩子大脑混乱,在孩子大脑发育的早期父母就应该去理解"儿童视角",并尽早采取相应的应对措施。

孩子乖并不一定代表孩子成长得好。"样样都好"的孩子大脑或许已经陷入网络连接被阻断的危险之中。

"样样都好"的孩子之中,有不少都在青春期到来之后变得难以控制自己,在家大发脾气,自残行为升级,有的必须通过药物来干预,甚至不得不接受住院治疗。

与幼儿期相比，青春期的孩子身体迅速发育，精神世界也变得广阔起来，所以对待他们一定要非常注意。

听完这些之后，您是否还想要培养一个听话的、被动的好孩子呢？

还是说要培养一个"以自己的意志行动，虽未必完全满足父母的期待，但是能动性很强的孩子"呢？

父母需要有相当高的觉悟，来陪伴孩子进入青春期。如果能学习一些青春期大脑运转的知识，就会有更多对待这个年纪的孩子的方法。

可能的话，父母可以在孩子仍处于幼儿期和学龄期时，帮助孩子找到自己感兴趣并想不断努力的事。

这样孩子虽然不一定能满足父母的期待，却能够认识自己，并在此基础上行动，对自己的评价也会比较高。

学龄期最重要的事：
接纳孩子最原本的样子

● "培养安全感"也是学龄期的目标

到了学龄期的后半段，大脑内各部位的网络连接急剧增加。进入青春期后，突触不断被修剪，大脑不断向着更具功能性的"成熟脑"演变。

进入青春期之前，掌控安全感的"依恋关系"是否已经形成，有没有培养出抗压能力等，都是非常重要的课题。

尤其对于没有形成良好依恋关系的孩子来说，进入青春期之前有没有被人完全接纳的经历，就显得尤为重要了。

高压环境会让大脑的海马体机能减退，记忆力衰退，因此孩子会难以从经历的事情中吸取失败或成功的经验，从而导致不断重复失误。没有形成依恋关系的孩子会饱受生而为人的根本问题的折磨。

所以为了让孩子的大脑在青春期形成自律观念，幼儿期的目标"培养安全感"也会是学龄期的目标。进入青春期前，孩子会有一段时间又出现哼哼唧唧撒娇的行为，这是他在确认安全感，家长应该正面接纳这种行为。

学龄期家长要配合孩子寻找兴趣点的想法，帮助他们找到想要不断努力的事情。这个时期，比起学知识，更重要的是守护自我意识的萌芽。在这个过程中，孩子会发现自我，并最终形成较高的自我评价。

只有接纳孩子最原本的样子，孩子才能站在成长的起跑线上。孩子也能对自己说："我这样没问题。"

学龄期最重要的事：
不妨做
"不靠谱的父母"

● 让孩子关注自己的变化，而非事情的结果

进入青春期以前，除了"接受原本的自己"，孩子还有一件重要的事要学习。

那就是，他需要认清"自己能做到多少，而不是做不到"。

为此，家长需要让孩子关注自己的变化，而非事情的结果。关注自我能让孩子拓展大脑网络连接，并提高自我评价。

● 育儿的主体是孩子，家长要学会"隐身"

那么怎样才能让孩子自发地去关注自我、拓展连接呢？

那就是要让孩子有收获感。对孩子而言，这就是一种奖励。为此家长要学会"隐身"。

"隐身"听起来好像是父母只能在角落里默默守护，感觉有些寂寞。其实这种做法的重点在于，==育儿的主体应该是孩子。==

为了让孩子自己积累经验，家长不可以太过活跃。

家长可以看起来"懒"一点，最好做到不让孩子发现大人在帮助他。

而且在"懒爸爸""懒妈妈"面前，孩子也能更安心地拥有主体性，会更容易接受事物。

==对于孩子建立安全感来说，"完美的父母"反而起到反作用。==面对完美无缺、受人尊敬的父母，父母就算再温柔，孩子也会不敢开口。

有些孩子怕"无能"的自己会伤害到"全能"的父母，就会对与父母对话感到痛苦。

当然，当爸妈的也不能太偷懒，只要适度在孩子面前露一点破绽就行了。

我自己的"不靠谱爸爸"经历

那是女儿小学五年级时发生的事，当时我们俩正在国外旅行。

有一天我不太舒服，一早起来就昏昏沉沉，结果就在异国的乡村小镇，把标记了目的地的地图给弄丢了。

无奈之下，我只好和女儿看着路牌找要去的那家店。

问题在于，这是一个说法语的小岛，我们会的那点生涩英语根本没有用，看路牌时更是云里雾里。

我们晕头转向地走了两三个小时，可就是找不到目的地。虽然有些胆怯，但我们还是向当地人问路了。

不出所料，他们都只说法语，无法交流。

我们问了很多人，终于发现一个会说英语的，就拜托他带我们去想去的那家店。

这位好心人刚好还去过日本，所以我们聊得很开心。

后来我们终于走到了目的地。

可店家却说要开始午休了，让我们三个小时之后再来。

我们好不容易才走到这里，所以我央求道："就让我们看一下吧。"可店家根本不领情。

走了三四个小时就是这结局，女儿肯定很失望吧。我小心翼翼地看了她一眼。

没想到女儿笑眯眯地说：

"反正知道店在哪儿了,一会儿再来就好啦。虽然搞丢了地图,但我们也因此遇见了这么好的人帮我们带路,多好呀。爸爸,我们一路聊得多开心。"

跟着我东转西转,懵懂地看着四周的女儿竟然是这样看待这件事的,真让我感到惊讶。

因为我的不小心,不仅地图丢了,还让女儿感到了不安,可她的这番话却瞬间把我惭愧的心情一扫而空。

除此之外,我和女儿的二人之行也是意外频发,甚至还有过生命危险,每次都是女儿让我们化险为夷。

这次旅行中,我的"不靠谱"不是装的,却让我真正感受到了孩子的成长。

青春期最重要的事：
父母的直接参与应到青春期为止

● 进入青春期以后，家长的作用要转变为辅助

在孩子青春期时，家长转换角色，成为辅助孩子的"隐身人"变得尤为重要。

同时，青春期之前的几个课题完成得怎么样，也会对孩子的青春期产生很大影响。

为了能让孩子从青春期开始按自己的意愿前进，我们要从"大脑发育"的角度来看待问题。

● 给予孩子认可之前，要先为他注入安心的能量

==青春期之前的一大重点就是大脑网络连接是丰富还是==

==稀疏。==

也就是说，对于建立大脑网络连接，至关重要的安全感问题是还处于未解决的状态，还是说大脑已经进入了不断修剪、整理的阶段。

因此，对于青春期前的孩子来说，==比起"表扬"这一他人评价==，==他更需要"被认可"来提高自我评价。==

学龄期经常受表扬、有足够安全感、自我评价较高的孩子，日后能够驱动丰富的大脑网络连接，获得自由发挥挑战

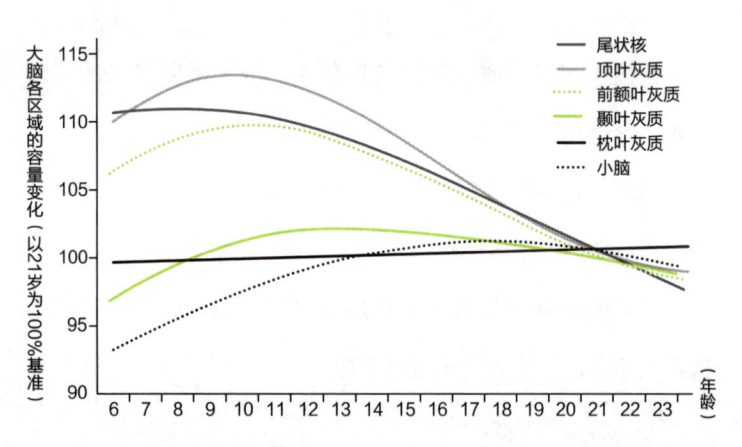

▶ 大脑各区域的灰质随时间变化，青春期前容积最大，随后发生修剪，容积减小。

来源：美国国立卫生研究院

图 1-4　大脑各区域容积随时间的变化图

新世界的能量。

这有时候是危险且困难的。但有安全感的孩子理解自爱的含义，他们不会主动向自己解决不了的危险靠近。

而没有安全感的孩子不知道珍惜自己，有时会做出超出自己能力的事，甚至走向危险的境地。

==对于青春期躁动不安的孩子来说，在给予他认可之前，要先为他注入安心的能量。==

要允许这个时期的孩子表现出不成熟，这可以锻炼他大脑边缘的网络，拓展他的行为和理解的广度。

从某种意义上来说，家长不应该只盯着结果，那些看起来浪费时间的事从青春期大脑发育的角度来看也是很重要的。

青春期最重要的事：
培养孩子与他人共情的能力

● 进入青春期后，大脑网络开始修剪

即将进入青春期的时候，以前额叶皮质中参与执行功能的外侧、参与决策和行为抑制功能的眶额、参与共情功能的内侧这三个部位为主体的大脑网络连接极速拓展。在进入青春期之后，脑内修剪随即开始。

前额叶皮质是掌管判断、决策、计划、想象、记忆、学习、注意力、抑制的"大脑指挥部"。在进入青春期之后，前额叶皮质的敏感度增加，但这未必会带来所谓的叛逆。

这也是一个整合、整理迄今为止的情感理解和记忆的时期，所以较弱的网络连接会被修剪，较强的网络连接则会进一步增强。

所以说，这是孩子大脑走向成熟的快速成长期。

尤其是与高级逻辑思维和行为抑制相关的背外侧前额叶皮质将发生巨大的变化。

培养青春期孩子与他人共情的能力

在社交关系方面发挥重要作用的内侧前额叶皮质也会在青春期快速发育。

因此，孩子在自我意识增强的同时，感受到的压力也会增加。

一般认为，在处理与非生物的关系时，这个区域不会参与工作，所以一些研究认为，人类能做出残酷的私刑和战争等非人道行为的原因也与这个区域有关。

在做出非人道行为时，内侧前额叶皮质并没有活跃起来。

一些研究认为，这个区域不活跃，人就不能与他人的痛苦产生共情，于是才会做出非人道的行为。

所以在青春期让内侧前额叶皮质成长，培养孩子与他人共情的能力十分重要。

这种成长也是迈向成年的一大步。

青春期最重要的事：
让孩子亲身体验比说教更重要

青春期孩子难以保持感情平衡的原因

以下内容稍微有点专业。

青春期是以伏隔核为中心的"奖赏系统"（与快感相关的大脑区域，可以在自己的欲望被满足时带来愉悦、幸福等感受）飞速成长的时期。

但是有关抑制和忍耐的眶额皮质却还未发育成熟。

随着"奖赏系统"的成长，孩子在欲望面前常常表现得很激动，但由于关于忍耐的眶额皮质还未成熟，他们又很难控制自己。这种失衡是这一时期的一大课题。

也就是说，==他们常常难以克制自己的欲望，一不小心就得意忘形，最后功败垂成。==

第 1 章 儿童大脑发育各阶段最重要的事

青春期大脑的复杂运作无法用一两句话来概括,总之大脑各个区域无法保持平衡是这一时期的问题。

因此,家长要注意把选择权交给青春期的孩子,尊重他们的决定,让他们在失败中萌生对自己负责的意识。

为了在青春期培养孩子恰当的行为,家长在应对孩子时仍需注意他们的大脑还未成熟。

家长不应该一味强调正确的事,而是要创造让孩子自己意识到什么行为才算恰当的环境,这对于这个时期的大脑而言至关重要。

比起说教,让孩子亲身体验更能帮助他们理解问题的本质。

前额叶皮质

伏隔核

腹侧被盖区
(产生多巴胺)

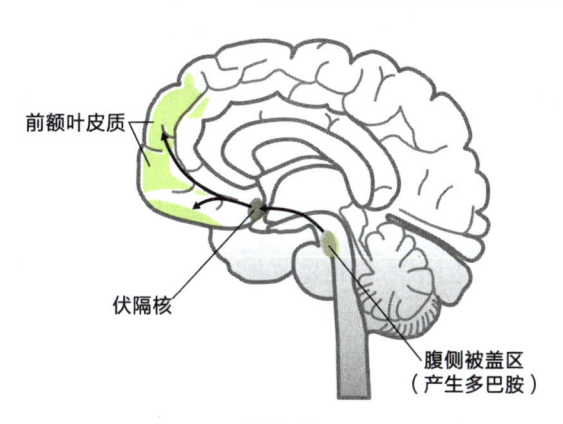

图 1-5

▶ 在多巴胺神经元的刺激下,腹侧被盖区向伏隔核和前额叶皮质释放出多巴胺,从而启动奖赏网络。

青春期是孩子为离开父母做准备的时期

　　青春期的孩子在进入初中、高中后会十分在意自己在同龄人里处于什么位置。

　　另外，孩子也能更客观地看待亲子间的问题。因此，与进入青春期之前相比，孩子会不那么容易听进父母的话了。

　　也就是说，随着孩子对自己了解的加深和对自我评价的提高，他开始探索适合自己的位置。

　　比起教给他正确的事，家长更应该从孩子的角度出发，尝试着与还不成熟的他共情。

　　家长也要记住，不仅是孩子擅长的事能提高他的自我评价，他也需要知道自己不擅长什么，这同样是提高自我评价的方法。

　　进入青春期后，孩子不再是那个爸妈抱在怀里的小宝宝了，从某种意义上说，这也是他准备离开家的重要时期。

任何时期都很重要的事：
要让孩子认识到自己的重要性

低自我评价将导致生存艰难

低自我评价甚至会导致人的行动受限。

这是曾经饱受霸凌之苦的孩子告诉我的。

"我想死，却连死都不被允许。我总觉得，如果我自杀会很对不起那些想活下去却因为疾病无法看到明天的人。"

还有一边感到很痛苦，一边又自残的孩子这样跟我说：

"我身上的这些伤既是我自己，也是我的罪过，所以如果伤口愈合了，我就会感到不安，就得搞出新的伤口来。"

最近的研究表明，霸凌、虐待等都会造成大脑的实质性损伤。因此，低自我评价的孩子即使自残，也很难明白他伤害的是这么重要的自己。

大人应该如何面对在青春期受到伤害并持有负面情绪的孩子呢？

==首先要提高他的自我评价，让他摆脱他人的控制，加强自我控制的意识。==

为了提高青春期孩子的自我评价，我们需要提高他内侧前额叶皮质、眶额皮质等前额叶皮质的网络功能。

也就是要让参与创造、记忆、沟通、情绪控制等功能的前额叶皮质活跃起来。

其前提是建立依恋关系等有关安全感的网络连接。

只有这样，孩子才能关注自身。

自我控制先从控制身体开始

自我评价提高后，孩子就更能意识到自己，而非他人。比起控制他人，他们会更注意控制自己。

自我控制分为控制紧张、不安等情绪的情绪控制，还有对于自己所处环境的控制等多个方面，每个方面的难度都不同。

在自我控制中，最容易意识到的一个方面就是对身体的

第1章 儿童大脑发育各阶段最重要的事

控制。

要是能意识到自己可以控制自己的身体，那么意识到自我控制也就不难了。

幼儿期到学龄期的孩子通过自由进行危险的游戏来发现自己对身体的控制。

让自己感到危险的运动可以无意识地使身体中的深层肌肉紧张起来，从而强壮身体，增强对身体的控制。

幼儿期和学龄前的自由玩耍可以在青春期时给予前额叶皮质巨大的刺激。

另外，多走路可以刺激内嗅皮质的网格细胞，也可以刺激相当于大脑GPS的海马体内的位置细胞。这些活动可以改写脑内地图，对工作记忆产生积极影响。

不过，步行能带来好处有一个大前提，那就是存在一个允许孩子绕远路的自由探索环境。

对于青春期以后的孩子来说，有自我意识的运动变得更为重要。此时无论做什么运动都要注意核心力量，应该有意识地进行训练，学习不让自己受伤的发力技巧等。

我曾从医学角度出发，用普拉提器械指导过初中、高中参加社团活动的孩子和专门进行体育训练的少年运动员如何正确使用自己的核心肌肉。

我的指导方法主要是通过让大家观察自己的动作，并尝试自我修正，来让孩子们理解自己身体的运动。我至今无法忘记那时孩子们快乐的身影。

通过实际的运动体验，孩子们这样告诉我：

"我明白了如何与自己的身体协商，来做力所能及的事情。"

"看了运动前和运动后的视频，我发现自己真的有所不同了。"

"虽然是很不起眼的运动，但我感觉自己得到了很多锻炼。"

"感觉跟我以前做的运动都不一样。我清晰地感觉到正确使用身体是很难的一件事。"

通过运动自己的身体，孩子们能发现自己不擅长的运动，明白自己哪个部位应该用力，哪个部位应该放松。

不是被逼着运动，而是通过自己的意志学习自我控制的技巧，能为孩子带来更丰富的感受。

通过客观地了解如何使用自己的身体，孩子会发现自我控制的快乐。

通过这次指导，我也明白了要引导孩子注意自己的变化，而不是仅仅强调结果。

这种关注自我的意识能为孩子未来的成长提供巨大的动力。

==重要的不是"做到了什么"这一结果，而是一种"自己向着目标前进了"的感觉。==

如果只关注分数，就会责怪无法达到目标的自己。

享受自我控制，感受变化和成长的自己，会让孩子学会自爱，也能提高他对自己的评价。

第 2 章

儿童大脑发育各阶段与孩子的沟通技巧

幼儿期最重要的事：
用拥抱和眼神交流为孩子安装"干劲开关"

如何安装"干劲开关"

"你的'干劲开关'在哪里呢？"

这是电视上的一句广告词。

可是真的有"干劲开关"吗？还是这只是广告的夸张用词？

其实"干劲开关"是存在的。那么它到底在哪里呢？

就在大脑的伏隔核里（参见图 2-1）。

按下这个开关，大脑就会释放一种叫作"多巴胺"的物质，启动与快乐、幸福感相关的奖赏回路，从而萌生干劲。

不过这里要说的不是按不按开关的事。

我想让大家明白的是，孩子的大脑从婴儿时期开始，就隐藏了许多让"干劲开关"更加灵活的方法。

第 2 章　儿童大脑发育各阶段与孩子的沟通技巧

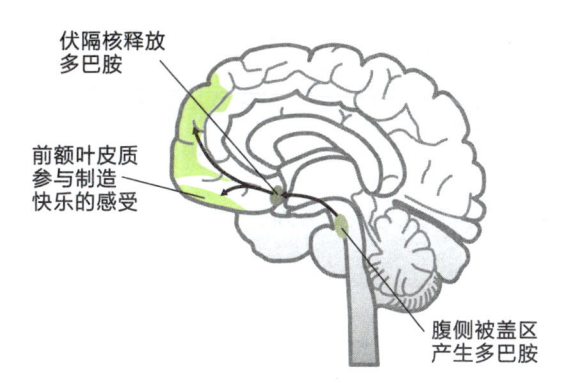

图 2-1　奖赏回路干劲开关

（图中标注：伏隔核释放多巴胺；前额叶皮质参与制造快乐的感受；腹侧被盖区产生多巴胺）

▶ 奖赏回路从腹侧被盖区开始，伏隔核释放多巴胺，奖赏回路由此通向前额叶皮质。

比起阻力很大、很难按下的开关，灵活、好按的开关不是更好吗？

我们需要做的就是帮助孩子建立有关奖赏的网络连接。

那么具体该怎么做呢？

想要建立大脑网络连接，就需要用"受体"来传递网络间的物质。受体越多，就越容易建立连接。

婴幼儿期的拥抱和眼神交流可以增加与奖赏有关的"μ阿片样肽受体"的数量。

也就是说，==多与宝宝进行眼神交流，多抱抱他，就有助于他的大脑发育，并在未来增强"干劲开关"的功能。==

曾经有一段时间,"总是抱着,抱习惯了,以后就放不下了"这个理论盛行,但这是美国在战后为促进生产劳动而提出的一个政策,后来在美国也已经不提了,只是这种不正确的理论观念在日本还是根深蒂固。

不过,也请不要一边玩手机一边抱孩子。认真注视眼前的这个孩子,认真抱他,这种与孩子的互动方式将会使孩子终生受益无穷。

幼儿期最重要的事：
爸爸也能做到的"宝宝止哭法"

● 面对孩子的哭闹，爸爸的窘境

对于刚出生的宝宝来说，哭就是他的工作。他会因为很多事情哭，甚至还会没来由地哭。

另一方面，产后不到三个月的妈妈性激素水平低，情绪波动大。同时，因为小宝宝还没建立睡眠周期，妈妈为了照顾孩子常常睡不好觉，所以这真的是非常辛苦的一段时期。

这时候如果孩子哭了，妈妈很难做到冷静应对。

妈妈每天都像在打一场恶仗，昨天好用的办法今天就不管用了。一旁不能哺乳的爸爸也又是抱，又是换尿布，很想帮得上忙。

可是孩子的哭闹就像家常便饭，给他奶也不吃，尿布换了，哄也哄了，还是不停地哭。

爸爸没辙了，只好换妈妈上。可妈妈也很累啊，于是心情就不好了。

爸爸派不上用场，就好像是被孩子和妈妈同时否定了一样，很落寞。他无所适从，感觉连头也抬不起来了。

一个能让爸爸成为英雄的"止哭法"

有没有什么办法能把爸爸从这种窘境中解救出来呢？

这个时期的婴儿还保留着在妈妈肚子里的胎儿记忆，好好利用这一点，爸爸也能一跃成为英雄。

美国儿科医生哈韦·卡普（Harvey Karp）博士发明了一个妙招——"shushing"法。我亲自试过这个方法，发现它卓有成效（卡普博士还有许多育儿妙招）。

宝宝还在妈妈肚子里的时候，总是听着妈妈有规律的心跳，所以睡得很安稳。

出生后三四个月，宝宝还保留着胎儿记忆，所以让他听到类似的声音，就可以使他安静下来，停止哭闹。这就是

"shushing"法。

具体操作方法如下（参见图2-2）。

图2-2

把宝宝横过来抱，贴着我们的心脏，爸爸的左手有力支撑宝宝的上背部和后脑勺，右手环绕宝宝，抱紧他的全身。

随后注视宝宝，与他四目相对，在他耳边发出大声的"嘘——嘘——嘘——"的声音，并不断重复。

你猜怎么着？刚才还哭得声嘶力竭的宝宝马上不哭了。他会用一种吓了一跳的表情呆呆地望着我们。

再过一会儿，他就会舒服地睡过去。即使宝宝闭眼了，"嘘"声也不能停，可以减小音量，不断重复。虽然有些不可

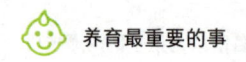

思议，但请试试吧。

不知因为什么原因而哭个不停的宝宝突然不哭了，这下爸爸又派上大用场了吧！

我知道，有时候爸爸想参与育儿却不知道应该怎么做，最后反而增加了与家人的距离。

我悄悄地把这个方法教给了来我诊所的爸爸们。我之所以特意选择教这个方法，是因为我想让爸爸们重现自信的笑容，让他们知道父亲在家庭中也是很重要的。

发现自己派上用场的爸爸有时候会得意得有些烦人，但让爸爸参与育儿会给未来的育儿带来更多可能性，所以妈妈们一定要设法让爸爸也参与进来。

非得妈妈来，不然就大哭的孩子怎么办？

一岁左右的孩子会有一段"认生"的时期，妈妈以外的人一靠近，他们就会大哭。

这个时期的孩子通过哭泣来处理、修复不安的感觉，同时他们也在寻找带来安全感的人，确立依恋关系的对象。

这是孩子需要建立安全感的重要反应，但是对于爸爸来说，无论做什么都没法让孩子和自己亲近起来，未免心中有些失落。

"爸爸被嫌弃了，还是妈妈好啊……"爸爸心里或许会很苦涩，但是请放心。

爸爸只要不强行抱孩子，不打破孩子的安全距离，慢慢地，孩子认为安全的对象就会逐渐增加，他会自己向爸爸靠近。

随后，孩子对于作为依恋对象的母亲会时而想要离开，时而想要亲近。他会逐渐与母亲拉开距离，扩大自己的安全圈。

==在孩子惴惴不安、与人保持距离时，家长什么都不用说，只需要单纯地守候就好。==

保持距离，不指手画脚，只是守候，这件事情或许爸爸比妈妈更能胜任（参考第 6 章芬兰的爸爸们参与的"守候育儿"项目）。

任何时期都很重要的事：
既不肯定也不否定的万能魔法句子

● 孩子还不能自如地表达自己的感受

不想否定孩子说的话，也不想肯定孩子说的"笨蛋""去死"等词语的时候，我们应该怎么说呢？

不可能有这么万能的句子吧？你别说，还真有。

"是吗，你是这样想的啊。"

我们只需要这么说就好。

如果孩子说的有道理，我们当然可以肯定他，但如果他说了我们不想让他说的话，我们就可以这样回答他。

这句话既不肯定也不否定，是不打断对方的魔法句子，在与幼儿期和青春期的孩子对话时特别管用。

"会不会骂我？会不会否定我？"孩子一边这么想，一边鼓足勇气对我们说出的那些话，对于他自己而言是非常重要的。

孩子在用语言表达情绪时，说出的往往是不成熟、不恰当的句子。

"我虽然很喜欢小雪，但今天一起玩的时候我们抢玩具了。那时她打我了，我就哭了。所以今天我心情不好。"

孩子不可能说得这么清楚。

如果幼儿期的孩子能说出这样的话，家长反而要注意，因为他用大人教他的话代替了自己情感的发育，这是很危险的。

他们可能会变成害怕被人否定的"好孩子"，就像我们在第 1 章中说的那样，

孩子不懂什么是"好好相处"

在幼儿期时，重要的不是逼着孩子说一些他自己都不明白的漂亮话，而是要帮他扩展"恰当的行为"的范围。

==我们需要把孩子的"口头表达"和"实际行动"分开看待。==

孩子说的话可能很凌乱，但口头表达本身就是有意义的。口头表达不断接近心中所想的过程会促进他的变化和成长。

而扩展行动范围可以让他不被"必须这么做"的狭隘视角所束缚。

"口头表达"和"实际行动"属于不同的成长方向，所以应该分别对待。

关于"口头表达"，姑且不论孩子说的是什么内容，首先我们可以说"你是这样想的啊，谢谢你告诉我"，表示我们对"表达"这一行为的肯定。

关于"实际行动"，我们可以说"那我们一起想想该怎么办吧"。

但是不要跟孩子说"要好好相处哦"这类高尚又宽泛的的话，因为他不理解其中的意义。

有很多行为都可以称作"好好相处"，所以这种表达方式太抽象了。

大人常常理所当然地把"好好相处"挂在嘴边，但是没有什么实际体验的孩子根本不理解这是什么意思。所以他不知道该怎么办。

这样的话，孩子的大脑网络难以产生连接，也难以延展，而且孩子也无法学会处理自己的坏情绪，导致一被要求"好好相处"就很痛苦。

我们可以给孩子具体的行动说明，例如"明天和小雪一起玩吧""你跟小雪说'不要打架，一起来玩吧'"，而不是空有一句"好好相处"。

这时最重要的是，大人不要只是告诉孩子正确的做法或最好的办法，而是要提示孩子他自己可以做到，并且我们也允许他尝试，而且最好分阶段地提示。

最开始孩子可能没法自己想出解决方案，但是通过不断尝试，他最后能说出超出我们想象的好办法。当我们观察儿童间的相处时，我们也会发现他们能自己找到很多办法。

我们可以和孩子一起讨论多个方案，让孩子发挥想象力，并最终让孩子来决定。

任何时期都很重要的事：
不要认为不是 100 就是 0

很多事不能用"不是这个就是那个"来解决

孩子到了三岁，大脑中关于记忆与学习的"海马体"机能提高，他开始学会遵守从前无法遵守的规则。也就是说，孩子有了长期记忆，这些记忆都储藏在"海马体"这个地方。

在这个阶段，如果继续以"孩子的视角"出发与孩子相处，孩子大脑的网络就会比较发达。这个阶段很重要的一点是，要倾听孩子说的话，但是注意不要被他所控制。

比方说，孩子不想去上幼儿园。

这时候妈妈比较容易给出两个选项："必须去"或"那今天就不去幼儿园了，和妈妈找个地方玩吧"。

这种做法的问题是太把孩子说的话当真了，我们不应该突然提出"不是 100 就是 0"的解决方案。

孩子还无法清楚地表达自己的意思,这时如果妈妈抢在他前面说了,他就会把妈妈当作自己的一部分,试图控制妈妈。

==" 和孩子一起思考可行的方案 " 和 " 太把孩子的话当真,导致被他控制(家长自己不思考,只顺着孩子的意思来)"是不一样的。==

虽然事情的结果最后是用"是"或"不是"来表达,但"不是 100 就是 0"这样极端的做法并不可取,而阶段性地对孩子进行提示对于拓展大脑网络连接来说十分重要。

任何时期都很重要的事：
孩子解决问题的能力
不容小觑

● **即使是小孩子，也有自己解决问题的能力**

面对幼儿，我们需要接受"他们仍处于不成熟阶段"的这一事实。

我在观看一个名叫小千的小女孩的入园典礼视频时，发现了一件令人吃惊的事。

包括小千在内的三个孩子坐成一排，虽然有点紧张，但聊得很开心。

可不知为何，坐在小千两边的两个孩子发生了争执，然后打了起来。

夹在中间的小千很困惑，不知道该怎么办，她来回看着两边的小朋友，看起来马上就要哭了。

就在周围的大人思索着要不要干预的时候，情况突然发生了变化。

坐在中间的小千突然凑到左边的小朋友面前，对她展开了"笑容攻击"。

那个小朋友一开始愣了一下，然后马上"扑哧"地笑出了声。

然后小千又靠近另一个小朋友，也对她展开了灿烂的"笑容攻击"。

这次完全命中要害，那个小朋友也放声大笑起来。

然后三个人就一起搭着肩笑个不停。

我很惊讶，这太厉害了，这是连大人都想不到的最棒的解决方案。

孩子分泌的血清素比大人多，所以他们比大人更容易治愈自己。

孩子遇到什么麻烦，大人很容易立刻介入，试图用大人的价值观解决问题。但是对于孩子的"成长脑"来说，这会起到反作用。

用大人的视角介入孩子的世界，会影响儿童大脑的网络

==连接。==

==我们应该相信孩子,静静等候。==

让孩子自己处理,也是拓展大脑网络的方法。

任何时期都很重要的事：
不否定、不失望，聆听就是最好的魔法

大人容易忽略"被听见"带来的纯粹快乐

自己说的话有人听，并由此感到快乐的孩子，更容易聆听别人的话，也能够学会等待。

==如果家长想让孩子听自己说，那么在这之前，应该先好好听孩子说话。==

无论孩子说的是什么内容，家长听了之后不要否定，也不要露出失望的神情，这对孩子来说很重要。

即使中途想插话，但考虑到孩子的心情，还请家长们忍一下。如果家长表现出了失望，孩子就会觉得抱歉，下次就不会再开口了。

==孩子如果知道即使是不喜欢的话题，爸爸妈妈也能不露==

出嫌弃的表情认真听,他就能建立起这个时期最重要的"安全感机制"。他会信任家长,知道自己什么都可以说。

只要聆听就行了,不需要多余的回应。

有的孩子不擅长自己去感受或表达,我们需要配合孩子的节奏,慢慢等他,让他知道他的话随时都有人听。

当孩子能够认真听大人说话,他就能渐渐学会用语言来表达自己的想法。

我们要明白,对应儿童大脑发育的不同阶段有不同的沟通技巧,首先我们要学会的就是聆听。

安静地倾听,这个魔法会带来美好的结果。

任何时期都很重要的事：
不要让孩子陷入双重束缚的困境

会给孩子造成莫名恐惧的糟糕对话

有一种对话，会给孩子造成莫名的恐惧。

那就是"双重束缚"。

双重束缚指的是一种给对方发出两个矛盾的信息，让对方陷入两难境地的沟通。

双重束缚有两种模式：一是说出的话和说话的表情相矛盾；二是之前说的话和之后说的话相矛盾。

总是处于双重束缚当中的孩子，会过于在意对方的行为和感情。

这样的孩子总是在想什么才是正确的，对方到底想要表达什么。

他们过分关注对方的眼神、表情、行动，且不停地猜测。

甚至有些孩子最后不知道自己该怎么做，所以就干脆什么都不做。

即使长大了，他们也会不停地猜"对方想要什么""他们是怎么看我的"，也就是说，他们太在意别人的想法了。

==他们总是在配合他人的行动，渐渐迷失了自己的想法和情绪。==

==而且这样的孩子常常强烈地觉得自己是无法满足对方期待的废物。==

由于过分负面地解读了对方的言辞，他们很难建立真诚的人际关系。

他们还有可能在认识"我是谁"和塑造个性方面遇到困难。

为了能让孩子在沟通时感到安心舒适，我们需要注意不要让孩子陷入双重束缚的困境。

提高自我评价是孩子在进入青春期前需要完成的一大课题，为此孩子需要了解自我，知道"我这样是可以的"。这会成为迎接多愁善感的青春期的重要起点。

任何时期都很重要的事：
如果语言和表情矛盾，孩子就会陷入恐慌

● 说出的话与说话的表情相矛盾

那么，我们就来分析一下两个常见的双重束缚模式。

第一个模式是语言与表情的矛盾。

我们可以想象一下带孩子去打预防针的妈妈。她的孩子因为害怕打针，在医院里大声哭闹。

妈妈心里肯定是这样想的：

"就是要打预防针的呀，我家孩子为什么每次都这么闹。"

"还有很多等着打针的人，我家孩子磨磨蹭蹭，影响到别人怎么办……"

实际上，很多妈妈都有过同样的烦恼吧？

预防针是必须要打的，妈妈肯定也想先说服孩子，所以

就绞尽脑汁，给孩子想出了两个选项。

妈妈会微笑着对还在哭泣的孩子说：

"打预防针后不生病和不打预防针生病住院哪个更好？你不想生病住院吧？那就加油打针吧。"

可是这样的微笑和（对于孩子来说）讨厌的话是矛盾的，孩子只能从中感受到恐惧，变得更加不安。

对于陷入恐慌的孩子而言，无论家长说的话多么有道理，都只会加深对他的刺激。

面对语言与表情的矛盾，孩子会更难以处理自己内心的不安。

更何况，这种矛盾的行为是自己的安全港湾妈妈做出的，再配上那笑盈盈的表情，孩子会感到困惑，到底微笑的妈妈是真的呢，还是强迫自己打针的妈妈是真的呢？

这就是对于孩子来说十分恐怖的双重束缚。

预设孩子会陷入恐慌，提前制定规则

面对这类孩子讨厌的事，我们不应进行语言刺激，而应**按照事先制定的规则，迅速行动**。

制定规则时要具体,还可以配合视觉刺激,提前练习合适的语言,如告诉孩子,在他哭闹的时候,妈妈会对他说"妈妈就这样不说话,紧紧抱住你"。

最重要的是,要遵守制定好的规则,这个行为要不断重复。

因为即使制定了许多规则,真的到了要打针的时候,孩子还是会哭闹。

但我们仍要尽力告诉孩子,就算不喜欢,预防针也必须要打。

通过反复操练,也就是重复预想的行动,孩子就能获得安全感,未来就能培养出忍耐力。

总有一天,孩子会发现,即使那么讨厌的打针,自己也能忍住不哭。

另外,如果家长过于相信孩子的承诺,又没有准备好孩子无法兑现诺言时的方案,当孩子哭闹时,就会说出"你不是说过要打针的吗"这种话,这就相当于强调了孩子没有做到的这个事实,导致双方处于对立的状态,大人和孩子都不好受。

==对待大脑还未发育成熟的孩子,家长与孩子的约定一定得包括"孩子有能力完成的方案"和"如果没有完成的备用方案",这有助于孩子未来的成长。==

任何时期都很重要的事：
如果前言与后语矛盾，孩子就会无所适从

● 之前说的话和之后说的话相矛盾

双重束缚的第二种模式是前言与后语的矛盾。

这种语言的矛盾在日常生活中更常见，但大人反而常常无法察觉。

比方说，某一天幼儿园有暑假前的公开演讲活动，早上妈妈和孩子正在做出门前的准备。

假设距离出门还有半个小时，妈妈正忙着梳妆打扮，就对孩子说：

"再过半个小时出门。你先玩点自己喜欢的游戏，等我一下。"

于是孩子回答"好的"。

第 2 章　儿童大脑发育各阶段与孩子的沟通技巧

后来妈妈收拾好了，去叫孩子，却发现孩子正在阳台上玩水，衣服全搞湿了还乐此不疲。

妈妈见状当然会很生气。

"你在干吗！为什么要玩水！搞成这样还怎么去演讲！"

孩子见妈妈突然暴跳如雷，于是就哭着说："好，那我不去演讲就是了！"

结果妈妈又说："你说什么呀！快点换衣服，准备出门！快！要赶不上幼儿园的演讲了！"

就在这时，孩子"哇"的一声哭了出来，家里又变成了战场。

其实这个情景中有几处让孩子感到双重束缚的情节。

首先是"你先玩点自己喜欢的游戏，等我一下"和"你在干吗，为什么要玩水"这两句话之间的矛盾。

孩子认为的"喜欢的游戏"就是玩水，可玩了之后却被骂了，这就是矛盾。

对于幼儿期的孩子来说，他们需要明确的指令，否则很难理解眼前的状况。

家长如果不给孩子提供一个具体的选项，说清楚玩哪个游戏，孩子很容易做出大人意想不到的事（进一步说，这个时期在游戏方面给予孩子更多的自由会更好)。

当然，也有一些孩子天生喜欢安静的游戏，或者总能领会母亲的意思，但是太懂大人的意思也未必是好事，我们还得注意他是不是听话得过头了。

另外，妈妈一边说着"搞成这样还怎么去演讲"，一边又说"你说什么呀，快点换衣服，准备出门"。

孩子一听到"还怎么去演讲"，就回答"那不去了"，可妈妈又说"快点准备"，这对他来说也是矛盾的。

尽量避免大人和孩子都不愿面对的结果

其实我们也能理解妈妈的心情，她一心只想着快点出门去参加演讲，没空组织语言。

但是，无论怎么说，我们都想避免孩子大哭大闹，弄得所有人都不愉快。

所以无论多着急，都应该==选择与接下来的动作一致的语言==，比如"哇，你玩得真开心，那我们一起收拾一下，然后换衣服出门吧"。毕竟，欲速则不达。

很多时候孩子没法马上停止玩游戏，所以当他停止玩游戏时，我们可以说"太好了，那我们一起收拾，然后出门吧"。

这样孩子就能明白停止游戏是好的，也能更顺利地进行下一项活动。

不过话虽如此，现实中我们很难心平气和地做到这些。

有时候控制不住自己，就又发火了。

这样也没关系。之后向孩子承认自己发火并道歉就可以了。

因为孩子一定会原谅妈妈的。

任何时期都很重要的事：
向孩子传达指令时要调整好情绪

● 想让孩子听懂，最重要的是"一贯性"

向孩子传达指令时，家长要从"儿童视角"出发，想想什么是适合孩子的"恰当的行动"。如果传达的指令不符合孩子的成长阶段，他当然不可能做到你的要求。

另外，在讲双重束缚的时候我们说过，==传达指令时，要注意语言和表情的一致。这关乎孩子的安全感。==

一边说着"我没生气"，一边大声地对孩子发号施令，这样孩子是听不见家长说话的内容的。因为比起内容，他们的注意力全放在如何避免被骂上。

==家长要保证自己不会被一时的冲动所控制，向孩子发出指令时要调整好情绪。==

仍处于"成长脑"阶段的孩子那时会嬉皮笑脸，或者马上被其他事情吸引注意力，他们的反应会让家长感到不快。但要知道，这并不是他们的本意，不用过度回应。

面对幼儿期的孩子，尤其要注意保持语言和表情、语言和语言之间的一贯性。这样才能给他们带来安全感。

大人在做错时，也要好好向孩子道歉

向孩子发出指令时，我们要养成习惯，反思自己是否发出了让孩子矛盾的信息。

即便如此，生活中我们还是做不到十全十美。

如我之前所说，重要的并不是绷紧神经，努力不让自己出错，而是要在发现自己说了矛盾的话后，认真向孩子道歉。

有时候忍不住对孩子意气用事，那也别担心，等平静下来后再向孩子道歉即可。

其实大人如果能在犯错的时候向孩子道歉，孩子是很容易就会原谅我们的。

而且当孩子知道即使是大人也会犯错后，他会更有安全感，也会更信赖大人。

这时候我们就会发现，孩子是多么的宽容。

任何时期都很重要的事：
孩子说的无论真假，我们都要倾听

● **不管孩子说的是真是假，我们要做的只是倾听**

与学龄期的孩子沟通，给他一个可以自由发言的环境很重要。

这可以让孩子感受到自己说话有人听的快乐。有这样的大人在身边，孩子会更有安全感。

不过，在倾听还处于"成长脑"阶段的孩子说话时，需要注意以下几点（对青春期以后的孩子也一样）。

- 要听孩子的话，也不要完全相信他说的话

  处于"成长脑"阶段的孩子，还不能准确地理解所发生的事，因此未必能通过语言客观地反映情况。

  所以我们不需要逐一回应孩子的话，不必马上作出反应。

第 2 章　儿童大脑发育各阶段与孩子的沟通技巧

即使我们觉得需要立刻作出回应,也应该先多方收集信息,掌握客观的情况。

- **我们要明白,孩子说的话是不是真的并不重要**

在听孩子说话时,最重要的是,大人千万不能表现出失望的情绪。

孩子需要的是一种自己说话有人听的感受,所以即使他说的是大人早就知道的事,我们也应该装作不知道,好好听他说。

还有,大人在听孩子说话的时候容易计较他说的是不是真。但是,为了能让孩子轻松地发言,大人不应介意说话内容的真假,而是要认真听孩子把话说完。

这样的话,孩子就可以通过说话,学会向人传递信息的技巧。

- **谢谢你告诉我**

大人经常说:"我不会生气的,你说吧。"可是嘴上虽这么说,只要孩子说的内容让他感到生气,他照样会生气。

如果孩子总是得面对大人表现出的这种矛盾,他就会在说话时下意识地增强防备。

无论孩子说了什么,我们都应该对他的努力表达表示赞许,跟他说一声"谢谢你告诉我"。这样一来,孩子就会明白,自己说话时有人在听。

任何时期都很重要的事：
使用倾听技巧让孩子说出自己的想法

想让孩子说出想说的话，大人应具备倾听技巧

为了让孩子能够真实地表达自己的想法，家长必须掌握一些倾听技巧。

如前文所述，哪怕孩子说的是假话，或者明显是很不好的事情，我们也应该听他说完。

毕竟如果我们不听到最后，是无法分辨出那是表达方式有误，还是孩子没有理解情况，又或者是他故意撒谎。

为此，我希望家长掌握一些倾听的技巧。

这里要向大家介绍的方法是美国 Evergreen 心理治疗中心（ATTI）的泰瑞·M·莱维和迈克尔·奥兰斯提出的"ACT（Attachment Communication Training）"。这个方法是由东京福祉大学名誉教授澄子·轩尼诗实践并传授给我的。

"ACT"原本是帮助受虐待儿童加强依恋关系的沟通训练,不过我认为这对日本的普通孩子也十分适用。

在日本,我感觉与孩子的对话更多的还是大人单方面的输出。人们对"儿童视角"还没有概念。

因此,我每月会针对不懂如何与孩子沟通的家长,以及与孩子直接接触的教育工作者,举办"ACT"学习会。

丰富的表达不等于恰当的沟通

一些不擅长沟通的孩子在说话时,"想传达的内容"和"实际表达"之间往往有很大的差距(一些成年人也是如此)。

另外,一些孩子没有感受过与自己大脑发育阶段相符的自我表达方式,所以他们没有掌握恰当表达的技巧,又或者他们不知道什么才是恰当的表达。

培养恰当沟通的能力时,丰富的表达方式不可或缺。但并不是说表达方式丰富了,沟通就恰当了。

也就是说,==为了准确表达自己的意思,在丰富表达方式的过程中,孩子必须要经过一个表达不成熟的阶段。==

"ACT"是一种沟通训练，可以通过让孩子感受到自己说话有人倾听的喜悦，来让他们学会适当的表达方式和沟通规则。

实际上，如果孩子知道自己可以放心说，随时都有人在倾听，那么他就会开心地说得很多。

可在日常生活中，想要遵循倾听原则进行对话并不容易。

所以我有意让家长们实践"ACT"中的倾听技巧。只要运用了这个技巧，孩子的表情马上就会发生一百八十度大转变。

恰当地说出了想说的话，这种喜悦对于孩子来说胜过一切，倾听孩子说话的大人也一定能感受到孩子的喜悦。

任何时期都很重要的事：
自己说话有人听，孩子就能倾听别人

● 仅仅是自己说的话有人听，就能带来快乐

让我们努力倾听孩子说话吧，因为即使他们没有收到回复，即使他们只是抱怨两句，只要自己说的话有人听，孩子就会感到快乐。

只要有人听自己说话，孩子就会发现"自己想要传达的内容"和"自己说出的话"之间的差别，不断重复这个过程，孩子的语言就会明显丰富起来。

我们还要和孩子一起练习倾听的技巧。如果家长练就了倾听的本事，等孩子进入青春期后，这将会成为一件利器，让我们更容易与孩子沟通。

养育最重要的事

找准倾听孩子的时机

然而，无论我们多么想倾听，那些从没有体验过被倾听是什么感觉的孩子是不会轻易开口的。

在确立良好的关系之前，大人和孩子之间的沟通很难进行。

因此，==我们不应该在想听的时候才去听，而应该找准孩子想要开口的时机。==

只要孩子开口说，我们就有机会去倾听。实际上，在和还未建立良好关系的孩子沟通时，我会注意以下时机：

- 遇到问题时

  遇到问题了，孩子肯定有自己的说辞，这就是一个倾听的机会。这时大人不需要马上为孩子提供解决方案，而是要有倾听的意识。

- 孩子发火或出言不逊时

  这种时候，孩子说的话不一定就是他的本意。孩子只是随着性子说话而已，他说出的话并不一定就是他想传递的信息。

尤其是面对青春期的孩子，只要我们用好倾听的技巧，就一定能发现他真正想表达的意思。

● **一起做孩子感兴趣的事时**
跟孩子一起看漫画、玩游戏，也就是一起做孩子感兴趣的事，这是倾听孩子说话的好机会。为了跟孩子沟通，有一次我猛读了 50 卷漫画，最后和孩子聊得特别愉快。

只要肯花功夫，大人也会真的对这些事情产生兴趣，而不只是为了达到某种目的。如此一来，孩子就能教我们很多相关信息，沟通自然就顺畅了。

自己说话有人听，孩子就能学会倾听别人说话

当孩子感受过被人倾听的感觉后，下一步就可以让他体验如何倾听他人。这样他就能理解对话的规则了。

都体验过之后，孩子就可以进入下一阶段，跟同龄孩子一起实践倾听的技巧。

倾听的技巧在兄弟姐妹、朋友之间发生小争吵的时候也很管用。

吵架的时候一味地听对方说话，这种体验即使是成年人

也从来没有过吧?

可仅仅是听对方讲话,就会让彼此产生意想不到的感情,或是感受到对方的本质,又或者是发现自己从未注意过的情绪。

实际上,正在吵架的孩子如果能努力去听对方说的话,他甚至会忘记自己很生气这件事。

我在自己的孩子身上实践倾听技巧的经历

那时我的孩子们还在上小学,有一次他们吵架了,我就试了试倾听的技巧。

我当时扮演了引导师的角色,帮助他们沟通,当他们能好好听对方解释时,就能更好地理解对方的心情和思维模式。

结果孩子们争吵的次数越来越少。

孩子们似乎也感受到了倾听的效果。这期间还有这样一件小插曲让我挺骄傲的。

有一次我和妻子发生了争执,孩子们见状马上对我们说:"爸爸,你也应该用倾听的技巧,快跟妈妈和好吧。"

没想到我总是对孩子说的话,现在变成孩子对我说了。

结果就是我不得不认真听我妻子诉了很久的苦。

有时，如果没有引导师这样的角色，夫妻间想要实践倾听的技巧并不容易。不过，就我自身的经验而言，或许多亏了和妻子不断实践倾听的技巧，我才能心平气和地面对青春期孩子激烈的情绪。

不管怎么说，有意识地倾听对方的话，对于相互理解来说真的十分重要。

第 3 章

表扬和惩罚孩子真正有效的方式

任何时期都很重要的事：
要抓住有效表扬的两个正确时机

表扬的最佳时机是"意料之外"和"期望之中"

首先，当孩子进入青春期后，比起告诉他该怎么做，我们更应该以认可孩子为主。所以，本章介绍的表扬、无视和惩罚，主要以青春期前的孩子为对象。

我认为，表扬这一行为是开启大脑网络连接的第一个开关。

不过，表扬并不是万能的魔法。

想让表扬有效，需要把握两个时机，即"意料之外"和"期望之中"。

即使孩子表现得不错，但如果他把表扬当作了理所当然的事，那表扬就完全没效果了。

相比之下，虽然被表扬了，但心里却不是滋味，大家也都有过这样的体验吧。

明明心里想着"已经够了"，脱口而出的却还是溢美之词，这样就会显得很刻意，让孩子感觉不舒服，他甚至还会暗中猜测："爸爸妈妈真是这么想的吗？"

这种表扬方法对大脑毫无益处。还有无关紧要的事和孩子已经猜到可能会被表扬的事，表扬这些事无法以积极的方式促进孩子的大脑网络连接，甚至可以说是白费力气。

想让大脑建立连接，就需要超过某个阈值。也就是说，==一些让人大吃一惊的举动或许会成为建立连接的契机。==

我们家孩子没什么可夸的

当我们聊到表扬时，一些家长或许会这么说：

"我家孩子一天到晚尽干些坏事，真没什么可夸的。"

可其实，这是一个绝好的机会。

每次我听到这句话，心里都会雀跃起来，因为这样的孩子才满身都是可夸的地方，表扬的效果也很明显。

大家有没有误解"表扬"这一行为呢？

有没有把它当成孩子表现好时的一种小奖励?

比如说,孩子做了坏事,这时家长容易对他进行说教。可是,请想一想自己被说教时的情景吧。

假装很认真地听,实际却是一只耳朵进,一只耳朵出。大家应该都有这种经历。如果没完没了地忍受这种酷刑,大脑内的负面连接就会被强化。

那么在告诫孩子不该做坏事时,我们还有什么别的办法呢?

对于"成长脑"时期的孩子来说,比起指责,有一个更有效的方法能让他停止干坏事,那就是"在出乎孩子意料时表扬他"。

"出乎意料"不一定是孩子做了什么好事的时候,也可以是坏事变得没那么糟糕时,或是本来总是闯祸的孩子偶尔乖乖听话一次时。

如果在这种时候受到表扬,孩子就会很惊讶。孩子自己也会感到内心有愧,所以他不明白自己为什么会被表扬。

我特别关注孩子这种震惊的表情,因为这就是建立大脑连接的机会。

"真了不起!上次闹了30分钟,今天20分钟就打住了。真棒！"这么说可以让孩子意识到自己停止干坏事的那个瞬间。

这种表扬方式不会强化孩子干坏事的大脑网络连接，而是会逐渐建立起停止干坏事的大脑网络连接。

不断重复后，孩子干坏事的时间就会缩短。孩子也不会因为总是受批评而对自己产生负面的认识。

另外，本来总是要干的坏事，偶有一次没干，这也是表扬的好机会。这时候表扬孩子，孩子一开始会不明所以，有点惊讶。而这就是机会。

和之前的例子一样，这时通过表扬，可以让他意识到自己没有干坏事的这一行为。

尤其是对于平时特别爱捣蛋、一直被批评的孩子来说，这时的表扬最为有效。

孩子特别想表达的时候，做出认真倾听的样子很重要

有时候，孩子想得到表扬，就会兴奋地跑过来，主动跟我们说话。

这个时候，孩子心中最重要的事就是分享，所以我们应

该看着他的脸，静静听他把话说完。

不需要多余的附和，只需要最后好好表扬他一番即可。

如果不擅长倾听，那么摆出一副认真倾听的样子也行。不过，最好还是想点开心的事，用愉快的心情来倾听接下来孩子要说的话，因为这样做效果会更好。

即使是家长，也不用时刻都做圣人君子。

我们只是在强调做出与孩子成长阶段相对应的回应，并不是要家长抹杀自己的感情，听一些根本不想听的话。

就算是成年人，忍不了的东西就是忍不了，我们只需要在自己力所能及的范围内，做出对孩子、大人双方都有好处的回应即可。

任何时期都很重要的事：
"意料之外的表扬"
的最佳应用场景

表扬就是家长鼓励孩子再接再厉的信号

关于"意料之外的表扬"，我们可以设想以下情景。

- **孩子遵守了约定**

  在大人看来，遵守约定是天经地义的一件事，但其实孩子是需要积极调动意识，才能遵守约定的。这时就必须要表扬一句："谢谢你遵守了约定。"

- **虽然表现得差强人意，但孩子已经尽力了**

  有时孩子虽然没有做到大人要求的那样，但当我们发现他已经尽全力去完成我们的要求时，我们首先要给予他们的也是表扬。

  孩子不擅长理解长篇大论，所以在对话时，我们对他说的第一句话最令他印象深刻。接下来我就详细解释一下。

以下两个"意料之外"的瞬间，是表扬的最佳时机：

- 孩子本来一直都在做"我们不希望他再做的事"，但现在他停下了。
- 偶尔有一次孩子没有做"我们不希望他再做的事"。

这时如果他受到表扬，就会思考："为什么要夸我呢？难道我做了什么值得表扬的事吗？"

尤其是在平时看起来没什么可夸耀的孩子身上，其实隐藏着许多这样的机会。而且往往这种时候表扬带来的变化更为理想。

- **孩子挑战了新事物**

    在孩子挑战新事物时给予表扬，可以让孩子不太看重结果。过分在意结果的孩子，会害怕得不到好结果，而无法做到乐在其中。

    还有，如果孩子害怕失败，他可能根本就不会尝试新鲜事物。为了拓展孩子的创造力，我们要学会表扬孩子==不害怕失败、敢于尝试新事物的这一行为==。

任何时期都很重要的事：
措辞和态度会让表扬的效果大为不同

● 既然要表扬，就用孩子能听懂的语言吧

想让孩子听懂表扬，就要把具体的行为用简单的语言以易懂的方式表达出来。尤其要注意以下三点。

- 要让孩子意识到自己做出了"恰当的行为"，就要表扬他具体的行为
  比如说"谢谢你帮忙摆餐具"，而不是"真乖"。我们要表扬具体的行为，而不是品格或感情。

- 用词要简短，情感的传达要简明易懂
  一位妈妈抱着很多东西进了家门，她对孩子说："不好意思，可以帮我一下吗？"

孩子不情不愿地帮忙拿了东西，妈妈对他说："谢谢你帮我拿东西，真是帮了我大忙。"这时除了表扬孩子的行为，妈妈还简洁地表达了自己的感谢。

虽然孩子当时没有什么表示，但据说当后来又遇见这种情况时，孩子马上就过来搭把手了，嘴里还说着："如果我不帮忙的话就糟了。"好像很扬扬自得似的。

虽然孩子没有表现出来，但是那些表扬已经传进了他心里。

- **不要只表扬"结果"，也不要用"跟他人比较"来表扬**

  比如说，当我们夸孩子"考了 100 分真厉害，不比你姐姐差"，孩子就会觉得自己必须考 100 分，从而导致他过度重视结果；或者认定姐姐就是比自己厉害，从而不觉得自己被表扬了。

比语言更易懂的是态度和心情

关于表扬的态度，有以下两点需要注意。

1. 如果孩子还处于幼儿期，表扬时我们应该蹲下来，看着他的眼睛。

2. 注意与孩子的物理距离，不要打破他的安全圈。

"你看,做好了吧。按妈妈说的去做,就做得很好了呢。"

用这种方式表扬,会让孩子困惑自己到底是被表扬了,还是被数落了。

用词和表情虽然都很重要,但更重要的是心情。如果是衷心地想表扬孩子,孩子就更能感受到我们的心意。

任何时期都很重要的事：
"无视"是调整孩子不良行为的重要技巧

● "无视"是指等待而不给出回应的育儿技巧

如果想让孩子意识到自己的行为，我们可以对他进行表扬。

如果不想让孩子对某种行为产生意识，我们可以无视他。

或许有人会觉得："我怎么可以无视自己可爱的孩子呢？这简直太残忍了……"

别担心。这里说的"无视"，指的并非不理他，或把他扔下不管。

请记住，"无视"指的是等待。这种"无视"会成为一个重大转机，让孩子停止某种我们不想让他再做的行为。

从结果上来说，"无视"可以阻断大脑中不良行为的相关网络连接，是让孩子做出值得表扬的行为前的必经阶段，是退一步、进两步的育儿技巧。

"无视"后孩子的行为变本加厉，就说明有效果

被"无视"之后，孩子为了得到关注，短时间内会更频繁、更堂而皇之地做出你不希望他做的事。

不过这并不是坏事，而是"无视"有效的前兆。行为愈演愈烈，就说明这个方法行得通。

将"无视"坚持到底，直到孩子不良行为的频率减弱，千万不能半途而废。

如果一开始采取了"无视"的方式，却又半途而废，孩子就会误以为自己做的事得到了关注。

甚至，孩子还会理解成只要行为再过分点，家长就不会再对自己坐视不理，下次可能就会变本加厉。

半途而废会导致适得其反，搞不好明明是想"无视"，最后却助长了我们不想让孩子再做的那种不良行为。

==要采取"无视"的方式，就要下定决心坚持到底。==曾经有一位母亲跟我分享了她坚持"无视"的经历。

小拓看借来的动画片碟片入了迷,忘了约定的时间。

妈妈跟他说:"到时间了,明天再看吧。"但是小拓没有反应。于是妈妈说:"之前我们说好的呀。那我关电视了哦。"然后就把电视关了,把碟片收好了。

接着小拓就哇哇大哭了起来,喊着:"我要看!我要看!"小拓拍着地板,越哭越厉害,妈妈都有点担心邻居会报警。

要是在平时,妈妈可能就心软了,但这一次妈妈努力将"无视"进行到底。

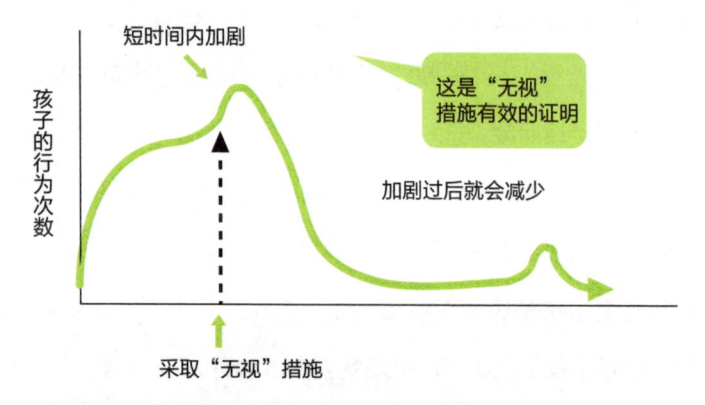

图 3-1 "无视"在短时间内会导致孩子的不良行为变本加厉

▶ 孩子想要得到关注,所以被无视之后短时间内行为会加剧。但是当他知道这样得不到关注后,就失去了行动的意愿,行动次数也就自然而然地减少了。

最后，等小拓哭到筋疲力尽已经是一个小时之后的事了。他终于安静了下来。

这时候妈妈并没有生气，虽然等小拓自己安静下来花了很长时间，但妈妈很高兴小拓能自己安静下来，她发自内心地对孩子说了一句："谢谢你安静了下来。"

当时小拓没有说什么，而是很快就睡着了。

当孩子发脾气的时候，大人能平静地对待孩子，而不被他的情绪所牵动，这并不是随随便便就能做到的事情。

但是这对"成长脑"的发育而言不可或缺。

任何时期都很重要的事：
能让孩子理解的正确"无视"法

● "无视"的目的是引导孩子做出正确行为

"无视"不是放任不管，而是在孩子做出我们希望他有意识地去做的某种行为前，跟他保持一定距离。

这里要介绍的是正确的"无视"法，而不是要大家按照这两个字的字面意思，去放任孩子或不理他。

- "无视"的时机

  当孩子做出我们不希望他以后有意再做的事时，可以马上采取无视的态度。

第 3 章 表扬和惩罚孩子真正有效的方式

- **"无视"时家长的视线与姿态**
  我们可以改变身体的朝向,不与孩子发生眼神接触,用眼神和身体动作明确表示自己不想关注孩子当下的行为。

- **"无视"时的态度**
  即使心里真的十分生气,也不要皱眉头或叹气,不要表现出生气的样子。因为这些举动对于孩子来说都是给予关注的一种表现,反倒会诱导他重复做出我们不希望他再做的事。

- **为自己的情绪找个出口**
  从某种角度来说,"无视"是因为我们介意孩子的某种行为才采取的措施。因此,当孩子不断重复那种行为时,大人可能会难以抑制自己的情绪。

  这种时候可以试着想想别的事情,或者去晒衣服、洗碗、打扫卫生,总之去干点其他事。这些都可以帮助我们减少使用"无视"方法时感受到的不愉快。

  控制情绪并不是件简单的事情,所以与其告诉自己别去想,不如做些平时该做的事,这样反而有利于转换心情。

● 做好表扬的准备

当孩子停下我们不希望他下次再做的行为，转而开始做我们希望他有意识去做的行为时，我们要马上给予表扬。当我们马上表扬他时，孩子就能更好地明白："原来爸爸妈妈想让我做的是这个呀。"

这时候受到表扬，很多孩子会感到很困惑，不知该如何反应。但就像前面我们说的那样，之后孩子往往会用具体的行为来表达当时的心情。

等孩子安静下来之后，我们可以和孩子一起思考"刚才怎么了""这样做不就很好吗"。

这时==如果从大人的角度询问"为什么这么做？""干吗要这样？"，则会让孩子难以回答。==

这样的追问会让孩子觉得必须找出一个大人想要的答案，否则就难以被原谅，效果往往适得其反。

"无视"时，重要的是摆出等待孩子发生改变的姿态

使用"无视"法之后，等孩子停下我们不想让他再做的事的时候，我们就应该具体地表扬他这一行为。"无视"之后

第 3 章　表扬和惩罚孩子真正有效的方式

必须"表扬",二者是配套的。

也可以把"无视"叫作"不予关注"。孩子一旦得到关注,即使是坏事,他仍想做得再过火一点。

也就是说,当孩子被"无视"后,因为没有得到关注,他就会减少相关行为的次数。为此,即使再花时间,我们也要摆出等待的姿态,这点至关重要。

更准确地说,要通过"无视"来弱化我们不希望孩子有意再做的行为,然后"等待"孩子做出我们希望他有意识去做的行为。

不过,"无视"也不等于一言不发,只要注意不给予孩子刺激即可。

面对幼儿期的孩子,在使用"无视"法之前,可以给出一点提示,引导他做出我们希望他做的行为。比如说,当孩子大声吵闹时,我们可以跟他说:"如果你能安静下来,我就好好听你说话。"

当孩子停止我们不希望他再做的事,转而开始做我们希望他有意识去做的行为时,就应该马上给予他表扬。

及时的表扬可以打开孩子的"意识开关",让他认识到"这么做是好的"。

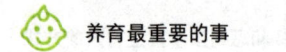

可以说，"无视"是为灵活运用"意料之外的表扬"而准备的终极绝招。

为此，平时我们也要注意和孩子一起思考什么样的行为才是恰当的。

任何时期都很重要的事：
牢记"表扬"和"无视"针对的是具体行为

🟢 什么时候应该表扬孩子的具体行为？

之前说过，表扬的时候要表扬孩子的具体行为，但仔细想想，"行为"指的究竟是什么呢？

"行为"指的是看得见、听得见、数得清的动作，并且通过"做"的形式表现了出来。

在育儿中，"不做"不属于行为。这或许令你有些不解。

那么就请辨别一下，在以下的几个例子中，哪一个属于"行为"呢？

例1 不吃早饭

例2 今天对妹妹很温柔

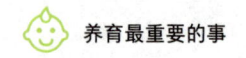

例 3 故意做令人讨厌的事

你觉得答案应该是哪一个呢?

其实这三个例子里没有一个称得上是"行为"。

例 1 说的是"不吃",也就是什么都没做,所以不属于"行为"。不吃早饭,反而做了其他事情,则可以称之为"行为"。

"昨天吃多了,所以今天没吃早饭,但是喝了一大杯水。"那么"喝水"这个动作就属于"行为"。

例 2 里的"温柔"是一个表达主观印象的词,而不是能看见、能听见的"行为"。

"今天妹妹摔倒受伤了,哥哥把她背了回来。"那么"背回来"就是"行为"。

例 3 说的"做令人讨厌的事"听起来好像是行为,但这也不够具体,而是表达了主观印象,所以也不属于"行为"。

而且"故意"也是一种推测,我们并不知道他本人是否有意为之,所以不能算作"行为"。

如果是"每当有人经过,小健就伸出脚来把人绊倒",那么"伸脚"就是"行为"。

所以说,"行为"不是基于主观印象或推测来判断的,而是具体能看见、能听到、能数清的动作。

"表扬"或"无视"的对象如果不是具体行为,那就毫无意义。 如果对象模糊不清,孩子会很难理解其中的含义。

幼儿期最重要的事：
根据不同的行为目的回应孩子

分辨孩子"行为目的"的三个要点

幼儿期孩子的语言表达能力还未发育成熟，想要认清他行为的"目的"，然后再采取相应措施并不是一件简单的事。

不过，如果对孩子的"行为目的"有个大概了解，就能更顺利地作出回应。

分辨"行为目的"时，首先要注意"行为变化"。我们可以从以下三点入手。

- 不要泛化"行为目的"，而要养成一一对应的习惯

  幼儿期孩子的行为，往往看似一样，但实际上却包含着不同的含义。我们需要注意，不要马上泛化他的行为。

第 3 章　表扬和惩罚孩子真正有效的方式

- **"行为的目的和理由"未必只有一个**
  比如说孩子调皮捣蛋，表面的行为往往不是他真正的目的或理由。可能是他想引起大人注意，可能是遇到了什么困难，也可能是心情不好，理由不一定只有一个。

- **对孩子的"新想法"尽量给予积极评价**
  如果是之前从未做过的行为，即使看上去不正确，我们也应积极给予评价。这对拓展大脑网络连接十分重要。

针对孩子的不同"行为目的"，应做出不同的应对

孩子的"行为目的"大体有四个方向，接下来就让我们一起来看看大人可以如何应对。

- **为了获得关注而做出的行为**
  这是孩子想要引起周围人的注意，获得关注而做出的行为。"想要获得关注"可以说是引发孩子做出某种行为的最大动机。

  这时，对孩子的关注又可以分为"好的关注"和"坏的关注"。对于孩子而言，"好的关注"包括表扬、认可、鼓励、报以微笑等；而"坏的关注"则是斥责、提醒、怒骂、叹

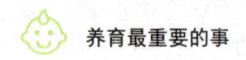

气等。遗憾的是,和"好的关注"一样,"坏的关注"也可能强化孩子的行为。

如果孩子做出的行为是我们希望他做的,那么我们就可以通过表扬来给予关注。而如果他做出的行为是我们不希望他再做的,那么我们就要"无视"到底。

在有关"无视"的内容中我们说过,孩子为了博取关注,在一段时间内的行为会变得变本加厉,但这是"无视"生效的证明。所以在这种行为完全停止前,我们需要下定决心,将"无视"进行到底。

如果中途沉不住气,孩子就会误以为只要行为激烈到这个程度,大人就会给予关注,所以我们千万不能让步。

只要他停止了我们不希望他有意再做的行为,就应该立刻给予表扬,这样孩子就能明白自己停止了家长不希望他做的某种行为。

- 为了获得某种事物而做出的行为
  孩子想要获得某种食物或玩具而做出的行为,又或是想做些大人不允许的事。对应方法基本与"为了获得关注而做出的行为"相同。

第 3 章　表扬和惩罚孩子真正有效的方式

● 回避行为

当孩子遇到了不想做的事时，就会采取"回避行为"。在幼儿园里，不擅长唱歌的孩子一到音乐课就跑出教室，这就属于"回避行为"。

如果孩子做出的"回避行为"是我们希望他以后能有意再做的，我们就可以对他进行表扬。

而如果孩子做出的是我们不希望他再做的行为，这时采取"无视"的方式就无济于事了。与"为了获得关注的行为"不同，如果无视了"回避行为"，孩子就会窃喜自己成功避开了不想做的事。

● 无意识行为

有时为了排解不安，孩子会做出某种在旁人看来往往毫无意义的"无意识行为"。比如说抠鼻子、吃鼻屎，还有男孩子比较常见的摸小鸡鸡，以及啃袖子、舔衣领等。

面对"无意识行为"，我们首先要排除这是不是孩子为了排解不安而做出的举动。

如果是为了排解不安，那么这些行为对于孩子来说就相当于某种魔法，最好不要强行阻止。

如果"感觉行为"是我们希望他意识到的举动,那就表扬他吧。如果是我们不希望他下次再做的行为——这里要提前说明的是——"无视"是没有用的。

首先我们应该思考这种行为是否可以接受。

是否属于"可接受的行为",主要取决于大人的想法,但我们要考虑到孩子的年龄,尽量放宽条件。遇到难以处理的情况,可以通过"限制环境"来对应,而不是限制行为。

下面具体来讲讲。

如果是可以接受的行为,在不影响他人的情况下,可以不加干预。

如果会影响到他人,那就想想别的代替行为,或者和孩子一起制定行为规则。

如果是不可接受的行为,我们同样可以想想有什么类似的代替方案,或者带孩子尝试一种完全不同的活动。

无论是可以接受的行为还是不可接受的行为,只要孩子找到了代替的方法,我们就应该表扬。

面对孩子的种种行为,如果试着思考这些行为是否符合以上这四种目的,或许在具体情境下就能感到更轻松。

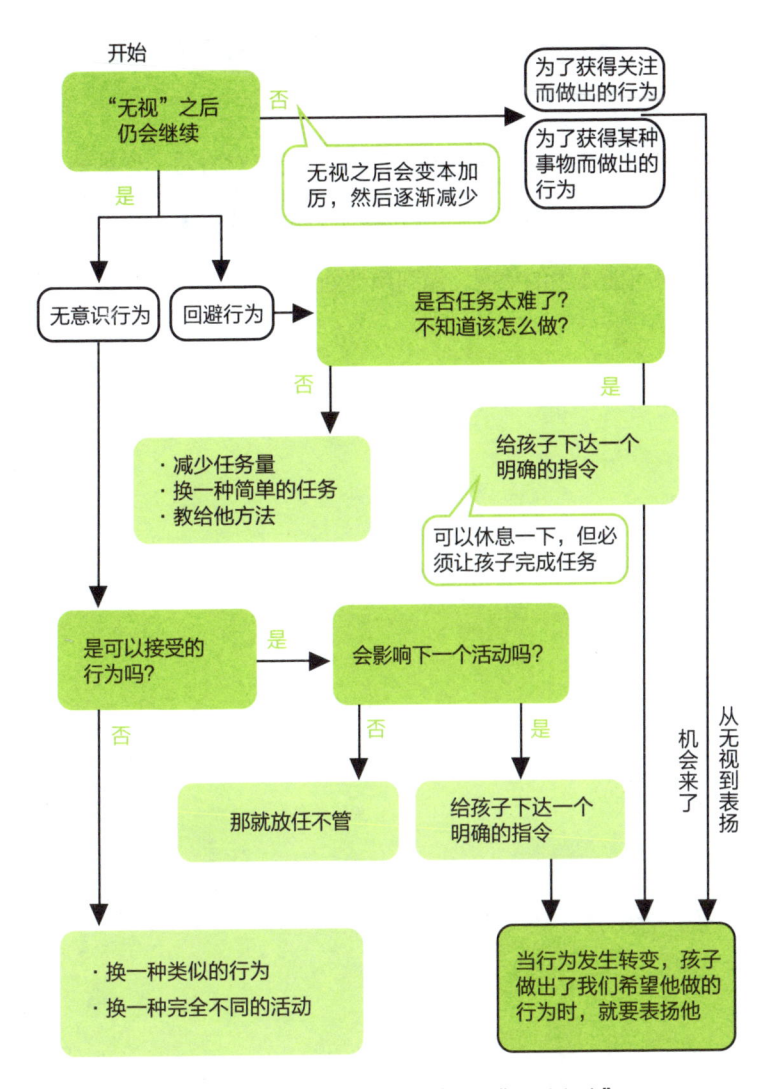

第 3 章　表扬和惩罚孩子真正有效的方式

```
                    开始
                      │
              ┌───────────────┐           ┌─────────────┐
              │ "无视"之后    │ 否        │ 为了获得关注 │
              │ 仍会继续      ├──────┐   │ 而做出的行为 │
              └───────┬───────┘      │   └─────────────┘
                      │是            │   ┌─────────────┐
                      │    ┌─────────┴─┐ │ 为了获得某种 │
                      │    │无视之后会变本│ │ 事物而做出的 │
                      │    │加厚,然后逐渐│ │ 行为         │
                      │    │减少          │ └─────────────┘
                      │    └─────────────┘
            ┌─────────┴─────────┐
            ▼                   ▼
       ┌────────┐          ┌────────┐        ┌──────────────┐
       │无意识行为│          │回避行为│        │是否任务太难了?│
       └────┬───┘          └────┬───┘        │不知道该怎么做?│
            │                   │            └───────┬──────┘
            │                   │      否            │是
            │                   │   ┌────────────────┤
            │                   │   │                ▼
            │                   │   │         ┌──────────────┐
            │                   │   │         │给孩子下达一个│
            │                   │   │         │明确的指令    │
            │                   │   │         └──────────────┘
            │                   │   ▼
            │                   │  ┌──────────────┐  可以休息一下,但必
            │                   │  │·减少任务量  │  须让孩子完成任务
            │                   │  │·换一种简单的任务│
            │                   │  │·教给他方法  │
            │                   │  └──────────────┘
            ▼
       ┌──────────┐  是   ┌──────────────┐
       │是可以接受的├─────▶│会影响下一个活动吗?│
       │行为吗?    │      └────┬─────┬───┘
       └────┬─────┘           否│     │是
            │否                 ▼     ▼
            │            ┌──────────┐ ┌──────────────┐
            │            │那就放任不管│ │给孩子下达一个│
            │            └──────────┘ │明确的指令    │
            │                         └──────────────┘
            ▼                                │
       ┌──────────────┐                      ▼
       │·换一种类似的行为│              ┌──────────────────┐
       │·换一种完全不同的活动│           │当行为发生转变,孩子│
       └──────────────┘              │做出了我们希望他做的│
                                     │行为时,就要表扬他  │
                                     └──────────────────┘
                                       机会来了  从无视到表扬
```

图 3-2　儿童的"行为目的"与"应对方法"

119

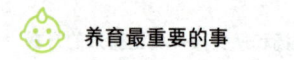

关于孩子的"行为目的"和相应的应对方法，可以参考图 3-2。

在实际生活中，参考这幅图，思考应对方法，你就能发现问题的关键。即使当时进行得不顺利，我们多少也能预测到未来可能发生的状况，做到淡然处之。

幼儿期最重要的事：
看起来一样的行为，
应对方式也是不同的

同样是应对尖叫，方法也因孩子而异

那么，就让我们通过一个例子，来看看如何根据孩子不同的"行为目的"来进行应对吧。

在幼儿园里，小悠和小芽一到手工课时就会尖叫。

两人虽然都在尖叫，但当老师走到小悠边上对他说"做得不错"后，小悠马上就安静了下来，然后又开始专心制作起来。

不过，之后再上手工课时，小悠还是会尖叫。

再看小芽，无论老师走过来说什么，她都无法停止尖叫，所以老师就干脆让她到别的教室干其他事情，她这才安静下来。

下次再上手工课时，小芽也还是会尖叫。

这种时候，大人应该如何干预呢？

两个孩子都在做我们不希望他们再做的事，而老师的做法没有引导他们做出我们希望的行为。

那就让我们一起对照前文的图表，想想该如何应对吧。

适合小悠的应对方法

对照图表，让我们从老师"无视"小悠的尖叫行为开始。

被"无视"后，小悠会变得更加暴躁，叫得更响，这就说明"无视"是有效果的。

在此我们就可以思考，小悠的行为是为了获得关注还是为了获得某种事物。

最后，老师坚持"无视"，直到小悠终于安静了下来。小悠一安静下来，老师就马上走到他身边并表扬了他："谢谢你能安静下来。"

重复几次后，小悠尖叫的次数就变少了。

所以，小悠的尖叫是为了获得关注。

而之前小悠一尖叫老师就来询问情况，就相当于老师在小悠做出"为了获得关注的行为"后,马上给予了他关注,所以小悠下次还会尖叫。

小悠的尖叫是我们不希望他有意再做的,所以我们关注的点应该放在如何让他停止这种行为上。

接着我们可以和孩子一起商量,如何得体地表达自己想要获得关注。比如说,用语言说出来,或是用动作表示,或是使用物品表示等。

适合小芽的应对方法

接下来看看小芽。

按照图表上的流程,先采取"无视"的方法。

不过,无论"无视"多久,小芽的行为都没有变得更激烈,也没有变得更温和,完全看不到变化。

于是我们就可以推断出,小芽尖叫不是为了获得关注,也不是为了获得某种事物。

接下来我们可以思考,她的行动是否属于回避行为或无意识行为。

为了验证小芽的尖叫是否属于回避行为,我们让小芽到另一个教室去做一些简单的手工，我们发现小芽居然自己乖乖动手了，而且乐此不疲。

如此重复几次，之后就可以让小芽和大家待在一起，让她做她能够完成的事情，比如说让她打扮她感兴趣的娃娃。

这样小芽就不会尖叫，而是专心做自己的事了。

总体来说，应对幼儿期孩子回避行为的方法是拓展孩子的活动范围，从孩子的角度出发，为他找一个自己无须回避便能完成的任务。

在小芽的例子中，只要小芽尖叫，老师就会把她带到其他教室，她就可以不用做不擅长的手工了。

这其实是一种误导，让小芽误以为自己不想做某件事的时候只要尖叫就好了。

当孩子做出回避行为时，为他找一个他能完成的任务，也是培养他做出"恰当行为"的好机会。

与语言能力发育较好的学龄期和青春期孩子不同，有时我们很难理解幼儿期孩子的想法。

==幼儿期孩子的大脑虽然发展出了各种各样的网络连接，可这些连接却并不牢固、稳定，因此孩子还没有形成明确的意志和方向性的意识。==

所以在面对幼儿期的孩子时，比起用大人的语言教育他们，思考如何基于他们的行动而进行应对，是一种更接近于"儿童视角"的方法。

任何时期都很重要的事：
惩罚孩子前，要让他先理解规则

● "惩罚"不能剥夺孩子的快乐时光

"惩罚"也是让孩子意识到什么是"恰当的行为"的一种方法。只不过在"惩罚"时，有些事情需要额外注意。

提起惩罚，人们很容易以为那是通过发火、批评来让孩子认识到自己有错的手段。

可是，为了让孩子认识到错误，我们首先要把什么是错告诉孩子，接着让他的行为发生改变，否则就毫无意义。为此，我们需要从"儿童视角"出发，调动孩子的意识。

那么，从儿童视角出发的有效"惩罚"法是什么呢？

首先，我们需要在平时为孩子建立一个"欢乐时光"。在这段时间里，孩子可以做他喜欢的事，并且感到愉悦。

欢乐时光和惩罚有什么关系呢？

"惩罚"不仅是给予处罚，也可以是减少欢乐时光。这样就可以在不强化负面连接的同时，让孩子意识到何为"恰当的行为"。

不过，有一点需要注意，那就是==不能取消所有的欢乐时光==。如果完全取消欢乐时光，有时孩子反而无法意识到自己是被"惩罚"了。

我们不应该感情用事，一怒之下剥夺孩子所有的欢乐时光。否则，旨在让孩子意识到问题所在而采取的"惩罚"措施就没有效果了。

要在孩子理解规则后，才能实施"惩罚"

"惩罚"只有在孩子能理解规则之后才会有效。

在进行"惩罚"时，要契合孩子的发育阶段。

对于幼儿期孩子做出的不当行为，大人的应对首先应从"无视"开始（参考之前的图表）。

如果"无视"不奏效，对于学龄期的孩子，我们还可以将"减少欢乐时光"作为"惩罚"的方式。

我们可以跟孩子一起制定关于"惩罚"的规则。==在孩子心情好的时候就可以提前制定好,而不是等到孩子犯错时才匆匆忙忙地制定。==别忘了用角色扮演等方法,让孩子通过视觉刺激理解整个过程。

我们还需要给"惩罚"的规则设定一个试用的期限,并和孩子一起确认这些规则是否可行,是否需要进行修改。

通过在实践中修正规则,孩子也可以更具体地认识到什么是自己可以做到的,什么则是自己无法做到的。

定好规则,就必须执行

"看在你今天的表现还不错的分上,这次就算了。"请不要突然就网开一面。如果要搞这种特殊处理,就在制定规则的时候把特殊情况也考虑进去吧。

孩子一旦受到过特殊对待,就会认为还有下一次。如果下一次没有得到特殊对待,他就会困惑,并且要求得到同样的对待。

另外,这次制定好的"惩罚"规则,可能在短时间内有效,但长期使用往往会失灵。

这种时候，我们应该定期回顾"惩罚"的规则，比如说每两周或每个月进行修改，这样孩子才能更好地遵守。

当孩子违反规则的时候

那么，让我们看一个具体的例子。

我们和孩子一起制定了玩游戏的规则。可是今天孩子心心念念已久的游戏碟送到了。

于是，孩子明明知道规则是什么，却还是因为家里没人，就悄悄延长了游戏时间。不巧的是，这一幕刚好被妈妈捉到了。

首先我们要明白，如果不一开始就制定好孩子玩电子游戏、使用手机等的规则，之后就很难再改正了。

尤其是对于那些把游戏的世界当成自己的藏身之处的孩子来说，游戏世界仿佛就是一个圣地，让他们停止游戏有时甚至会是很危险的一个过程。

因此，一开始就定好规则十分重要。为了保证孩子遵守规则，我们需要使用"惩罚"的方法了。

"惩罚"的内容必须明确违反规则的后果。

多玩了几分钟游戏,或是不知道多玩了多久,都应该在下次玩的时候减掉相应的时间。

具体处理的时候要注意,不要一刀切,而要徐徐图之。

如果完全取消游戏时间,孩子的注意力就会放在不能玩游戏这件事上。

尤其是当家中有兄弟姐妹时,孩子更容易产生只有自己不能玩、只有自己被亏待的想法。

接下来,我们还要明确规则被打破后应当如何恢复。

跟孩子确定好,过几天之后,或者是帮忙做了什么家务后,可以恢复多少游戏时间。

制定关于玩游戏的"惩罚"规则时,还有一点需要注意,就是要设立一个试行期,也就是说,要把规则设置在孩子的能力范围之内。

==规则不应该是家长单方面制定的,而应该同时征得孩子的同意。==

如果家里还有兄弟姐妹,制定规则时还应该把相关的人全都召集在一起讨论,这样才能制定出合适的规则。总之,规则必须由大家共同来制订。

有了"惩罚"之后，看到兄弟姐妹的游戏时间被减少，其他孩子也能更好地控制自己的行为。

当家里不止一个孩子的时候，孩子们互相提醒不要违反规则，又或者是故意陷害对方违反规则时，都能加强孩子对规则和惩罚的意识，最终减少违反规则的次数。

另外，对于懵懵懂懂的小孩子来说，即使是过于苛刻的规则，他们也很容易接受。

但是违反规定后他们会很难接受，这时好不容易一起制订的规则也就成了纸上谈兵。

发火或体罚这类惩罚方式有效果吗？

发火或体罚或许在当时十分见效，但对孩子来说，他虽然接受了惩罚，却还是不明白什么是"恰当的行为"，很多孩子因此会对自己有负面的认识。

更重要的是，这些方式会加强孩子大脑网络的负面连接。

经常被体罚或批评的孩子，首先会变得少言寡语。他们的自我评价较低，如果习惯了挨批，很有可能内心受挫，从而失去改变的动力。

而且，长期处在压力下会让掌管记忆、学习的海马体机能低下，大脑网络连接变得更加稀疏。

然而在现实生活中，大人总有发火的时候，也总有抑制不住情绪的时候。

毕竟人无完人，发火本无可避免。但是，如果对孩子发火了，之后一定要好好道歉（但不可作为打孩子的借口）。这是相较于孩子而言占据高位的成年人应尽的责任与义务。

==“惩罚”不是大人宣泄的手段，而是为了让孩子认识到什么是"恰当的行为"，在这个前提下，我们就能做到在应对时心平气和。==

如果我们能在面对孩子时做到不感情用事，育儿就会变得轻松很多，在孩子每天的成长中，父母也会感受到更多快乐。

第 4 章

坚强的孩子是怎样炼成的

幼儿期最重要的事：
如何才能培养一个坚强的孩子

孩子如何才能学会坚强？

为了让孩子变得坚强，父母在幼儿期应如何与孩子相处呢？请从下面五个选项中选出一个：

1 从幼儿期开始就锻炼孩子，让他学会坚强

2 孩子表现好时积极表扬，表现不好时严厉批评

3 不管怎样都表扬，使劲夸

4 孩子即使摔倒了，也对他说"不痛！没关系"，抹杀疼痛带来的情绪

5 帮助孩子宣泄负面情绪，和孩子一起思考适合孩子的方法

这五种相处方法中，哪一种最适合幼儿期的孩子，能培

养出他的"韧性"呢？

那么，就让我们一条一条来看吧。

第1种类似于"精神锻炼法"，会让孩子丧失表达自己感情的能力，变得难以与自我对话。如果做得太过火，甚至会让孩子不珍惜自己，这是非常危险的。

第2种方法中，表扬孩子做得好的部分是对的，但是当孩子做坏事时，过于严厉的批评则会加深孩子对自己的负面认识。

如果孩子对自己的缺点认识过深，等到了青春期后，他就很难客观地审视自己，导致很难对自己有较高的评价，也很难发现自己的优点。因此，在幼儿期时这种做法是不可取的。

第3种方法中，一味的表扬会让孩子分不清什么是"恰当的行为"。

表扬是一种让孩子意识到"恰当的行为"的方法，而一味的表扬会让孩子不知道哪种行为才是恰当的，他就无法从中学习。因此，表扬的时机很重要。

第4种属于麻痹感情的做法，也无法让孩子理解什么才是"恰当的行为"，会让孩子的大脑网络连接变得混乱。

到了青春期后,负责记忆、思考、判断的前额叶皮质开始活跃起来,可孩子却很难理解自己的悲伤、痛苦、喜悦等情绪。

我遇到过不少无法理解自己情绪的孩子,他们会问我:"医生,什么是悲伤?为什么我会流泪?"

第5种是最适合幼儿期孩子的方法。孩子在幼儿期最重要的是让他感到安心,培养他的安全感。

==幼儿期的孩子感情抑制功能还未发育完善,安全地接纳他的负面情绪,对于培养他的抗压能力而言十分重要。==

任何时期都很重要的事：
压力的机制和如何控制压力

在育儿中感到压力并不稀奇

大家常说："育儿是父母的又一次成长。"不过，有人能在育儿中得到无可替代的体验，而有人却常常为如何应对孩子感到苦恼。

根据儿童不同发育阶段的"视角"来育儿，要求我们去接纳并欣赏孩子与自己不同的价值观。

还有，育儿中家长需要接纳孩子的负面情绪，这也不是一件容易的事。因此，在育儿中家长感到有压力并不奇怪。

"快乐育儿"指的是在掌握许多符合"儿童视角"的育儿技巧后，能够放松地与孩子互动，并从中感受到快乐。

然而，用"儿童视角"与孩子相处意味着有时我们要推翻自己一直以来所秉持的价值观。

接受与自己不同的价值观、改变自己的价值观，对于一些人来说，随之而来的压力超乎寻常。

因此，==“快乐育儿”中很重要的一个因素就是大人自己需要理解压力，学会与压力共存。==

给孩子无忧无虑的生活真的好吗？

有什么能比无忧无虑更好的呢？或许很多人都这么想，可遗憾的是，如果生活毫无压力，那么大脑就接收不到任何刺激，人就不会成长。

在大家的印象里，似乎压力就是负面的，可其实压力在某种意义上是一种刺激。

刺激有令人愉快的刺激，也有令人不快的刺激。同样，一些压力会成为成长的动力，另一些则会给身心带来不好的影响。但有时，克服这种消极影响对于一个人的成长来说也是必要的。

所以说，仅仅消除压力并不够。

曾经有一位母亲对我说：“我年轻时受过很多苦，所以我不想让女儿在生活中感到任何一点点压力。"

这位母亲希望学校把女儿和她喜欢的朋友们安排在一个班里，还希望老师不要给孩子任何压力。

结果适得其反，她的女儿因此没有学会处理压力的方法。这个孩子不知道如何面对自己的情绪，时常感到混乱。

所以，重要的不是尽量减少压力，而是理解"压力的机制"和"如何控制压力"。

压力的机制

压力的机制不止一种，首先我们从最中心的"HPA 反应"说起。这里我们要聊的主要是大脑的机制，内容有一点专业，我尽量掰开揉碎，给大家讲清楚。

"HPA 反应"究竟是什么呢？

当我们感受到压力时，大脑的各个部位都开始运转，其中位于中心位置的就是"HPA 轴"。所谓"HPA"就是杏仁核（Hipothalamic）、垂体（Pituitary）、肾上腺（Adrenal axis）这三个部位的英文首字母缩写。

压力最初由杏仁核识别，这个部位通过释放各种激素，

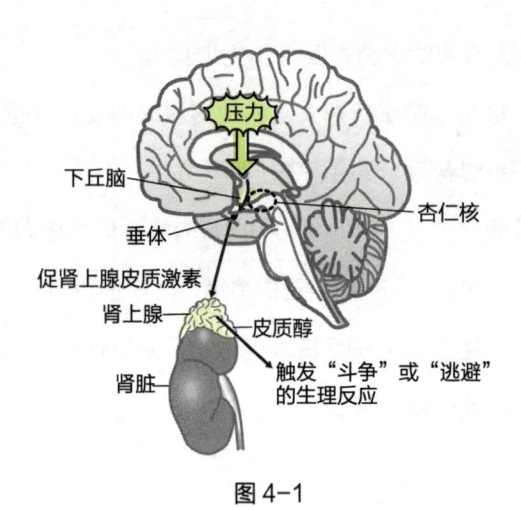

[图示:压力 → 下丘脑 → 垂体 → 促肾上腺皮质激素 → 肾上腺 → 皮质醇 → 触发"斗争"或"逃避"的生理反应;杏仁核;肾脏]

图 4-1

将感受到的情绪传导至下丘脑、垂体和肾上腺,接着肾上腺分泌皮质醇,用来应对压力。

此时大脑面对压力,需要做出"进"或"退"的决定,也就是说,是选择与压力"斗争",还是"逃避"压力。

然而,随着压力反应的不断增强,大脑就会难以逃脱"压力魔咒"。

就大脑机能而言,有促进机制就有抑制机制。缓解压力,也就是抑制作为压力处理中心的 HPA 反应,需要被称为"记忆仓库"的海马体的帮助。海马体是负责抑制压力的大脑部位之一,而"压力魔咒"与海马体的萎缩有关。

海马体一旦萎缩，就会难以抑制压力，原因是大脑无法判断到底应该斗争还是逃跑，会一直毫无防备地暴露在压力之下。

压力反应的持续会影响海马体的另一个机能，也就是说，记忆力会下降。其结果就是，过度的压力会妨害到记忆功能，有时甚至会导致失忆。

因此，海马体可以说是应对压力反应时不可缺少的一个部位。

如何控制压力？

控制压力需要抑制压力反应下皮质醇的分泌。

在"成长脑"的部分我们已经说过，只要增加某种受体，就能强化抑制机制。这种受体就是对抑制压力反应有明显效果的受体之一——"类固醇受体"。

在对幼时没有得到良好养育的老鼠进行的实验中，很少感到安心的老鼠分泌的血清素更少。血清素不足会导致位于其下游的类固醇受体减少。

而得到良好养育的老鼠分泌的血清素较多，因此类固醇

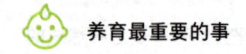

受体也较多。

==为了培养孩子的韧性，我们需要绕个远路，先从让孩子感到安心开始。==孩提时代享受富有安全感的生活，能够在未来给孩子注入一针强心剂。

即使孩子现在总爱哭鼻子也没关系，抱紧他，让他安心，这样才能让他成长为一个坚强、坚韧、百折不挠的人。

任何时期都很重要的事：
"压力"与"记忆"之间的关系

高压情况下，人的学习能力会如何？

请试想以下情况。

你在某个剧团工作，还有三十分钟演出就要开始了。

可是主角突然身体不适，无法登台表演，这时原本在舞台旁负责管理大型道具的你被叫去顶替。

只剩下三十分钟，你必须背下所有台词。如果本就是两人共演一个角色，或者你作为替补已经将台词熟记于心，这或许是个好机会。可你是第一次接触这个角色，需要从零开始背台词，这时你无论怎么努力，也无法记住台词。

你是否有过类似的经历呢？

海马体可以抑制产生压力的 HPA 反应，同时也掌管着记忆和学习。

可是高压环境会导致海马体机能低下，难以储存记忆。

在高压环境下，运动、学习、记忆等机能都被阻碍，大脑无法掌握任何东西。

因此，过于严厉的教育对培养孩子的安全感和学习能力而言有负面影响。

高强度压力对身心的影响

骑自行车、游泳等身体记忆储存在小脑里，而除此之外的记忆则先储存在海马体里，然后再传递到大脑皮质。

长期处于压力下，会让大脑一直暴露于压力激素皮质醇之中。

如此一来，神经就会过于兴奋，进而阻碍作为能量的糖的供给，导致神经死亡；"记忆仓库"海马体也会因此萎缩，导致机能低下。

这时大脑就会无法处理不安、紧张等情绪，甚至可能引发抑郁。

孩子在幼儿期长期处于虐待等高压环境下，会让类固醇受体数量下降，让大脑变得难以对抗压力。

而一旦记忆形成受阻，人就无法从失败中吸取经验，导致其不断重蹈覆辙。

如果人能够很好地处理负面的记忆，也就能够很好地应对压力。关于这件事，我们在下一节中展开讨论。

任何时期都很重要的事：
如何帮助大脑
缓解创伤记忆

孩子天生具备缓解创伤的能力

什么是创伤？

大家肯定都听说过创伤，可是大家知道它到底是什么意思吗？

从专业的角度来说，创伤是一种记忆问题，指的是"当人体验过难以应对不可预测事件的经历后，这种难以应对的状态会被内化于心，在被迫不断地体验这种状态的过程中，渐渐感到不堪重负，最后大脑选择采取防御措施——变得麻痹、回避"。

==孩子能够通过与值得信赖的伙伴玩游戏的方式，将创伤转换为自己能够接受的记忆。==

比如说，地震之后孩子们会玩假装地震或海啸的游戏，这在大人看来或许很过分，但对孩子恢复创伤而言却十分重要。

日本大地震后，大人遭受了严重的精神打击，没有及时对孩子的心理进行疏通，因此一些孩子遭受了更长时间的创伤折磨。

如何帮助大脑恢复

如果无法妥善地处理创伤，就会引起"创伤后应激障碍（PTSD）"，让人饱受记忆之苦。

那么，如何才能防止已经成为创伤的记忆演变为创伤后应激障碍呢？

为此我们只需要促进"神经新生"即可。这样就可以让记忆尽快从海马体消失，然后运送至大脑皮质，让创伤发展成创伤后应激障碍的可能性降低。

那么，具体应该怎样促进"神经新生"呢？有一个简单的方法，就是饮食。

一项研究中，给在交通事故中痛失所爱的人连续三个月

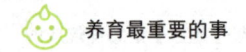

摄入某种物质，以促进大脑的"神经新生"，帮助他尽快从伤痛中恢复过来。

结果显示，交通事故带来的"创伤记忆"在海马体中储存的时间变短了，从而降低了创伤后应激障碍的发病率。

==这种物质就是鱼类中含量丰富的DHA==。无法经常吃鱼的人，可以通过营养剂来补充。

"痛啊痛，你快走开吧"真的有效

最近，有研究认为运动对于"神经新生"而言也十分有效，基于这种观点的疗法也颇受肯定。

运动可以增加海马体内"脑源性神经营养因子（BDNF）"的数量。脑源性神经营养因子不仅可以改善肌肉中蛋白质和脂肪的代谢，有研究还指出它可以加快"神经新生"。

在治疗抑郁症方面，在做有氧运动的同时，做一些力量型的负重训练也有良好的效果。

另外，也有人认为，像抚摸皮肤一样地温柔按摩也十分有效。刺激带有毛细胞的皮肤，可以让伏隔核感到愉悦。

小时候妈妈一边温柔地爱抚着我们，一边说"痛啊痛，你快走开吧"并不是骗人的,大脑确确实实地给出了反应,帮我们缓解了疼痛。

当孩子遇到压力时,大人需要有相应的知识和应对方法。

为了提高处理孩子和父母自身压力的能力,就让我们一起来学习接下来要说的"如何面对压力""如何处理压力"等内容吧。

任何时期都很重要的事：
帮助孩子处理负面情绪的正确方法

不要当场否定孩子的"消极发言"

当孩子说"最讨厌小莉了！明天我不想去幼儿园了"时，家长应该怎么回答呢？

"怎么能这样说呢？前段时间你还说最喜欢小莉了呢，要和她好好相处哦。"

或许有些家长想都不想就会这么说。

其实，往往这时候孩子内心想的并不是最讨厌小莉，只是因为今天发生的一些事，让孩子一时间讨厌起了小莉而已。

这时如果家长说"怎么能这样说呢"，就会让孩子觉得自己的话被否定了，觉得自己要是没告诉家长就好了。

==就算能管住孩子的嘴，也管不了孩子的心。==

如果孩子建立了不再坦率直言的机制，以后就很难表达真实感受了。

这种机制如果被过度强化，会造成孩子的缄默（在家里会说话，但在学校等特定场合就不开口）。

大人未必能理解年幼孩子说话的含义。如果对其一味否定，就会让孩子难以学会处理轻微不愉快的情绪。

与其纠正孩子的话，不如教他怎么做

那是不是说，养育一个总说坏话的孩子更好呢？事实并非如此。重要的不是纠正孩子说的话，而是教他"有这种感受的时候应该怎么做"，从而拓展他的行动。而且这样也能拓展他的大脑网络连接。

不肯定也不否定，而是教给孩子处理情绪的方法，这样孩子未来就能以与同情、社会规则、道德有关的前额叶皮质为中心，发展出对抗压力的韧性。

当孩子知道如何用行动来表达自己感受到的情绪时，他的行动范围就更广了，关于安全感的大脑网络连接也随之拓展。

==能够惴惴不安地行动，对于培养孩子的抗压能力而言十分重要。==

然而，对身心的虐待等严重的直接压力，还有家暴环境等长期的间接压力，都会破坏孩子的安全感，不利于培养孩子的韧性。

比起不失败，更重要的是应对失败的能力

有一个青春期的孩子，他很难表达自己的负面情绪，为此非常痛苦，常常伤害自己。他告诉我：

"我内心有一个善良的自己，一直想驱赶邪恶的自己。"

对于他而言，重要的是尽可能地宣泄负面情绪，以及找到处理这种负面情绪的各种办法。

现在这个时代，大家都在尽力避免失败。

但是，==对于青春期的孩子来说，比起教给他们正确的事情，更重要的是找出那些可能导致他们失败的、他们还未能完全理解的东西，这更能帮助他们的大脑得到成长。==

==我们并不需要不断纠正孩子，让他避免失败，而应该把失败尽量控制在小范围内，去拓展失败后的应对方法，这样==

==更有益于大脑网络连接的发展。==

而且,我们不应一味说教,在孩子没有实际体验的情况下强迫孩子理解,我们要根据孩子的理解能力,让他通过经验来明白什么是"恰当的行为"。这种方式对于儿童的大脑来说,最容易被接受。

幼儿期最重要的事：
限制孩子所处的环境，而不是孩子的行为

● **在超市购物时，孩子突然尖叫**

想象一下，一位妈妈带着年幼的孩子，正在超市购物。

孩子这个也想要，那个也想要，不停地撒娇耍赖，还总是伸手乱拿东西。

妈妈很慌张地想要制止他，可这时孩子就拿出了他的必杀技——尖叫。

妈妈想采取"无视"的方式应对，可周围的目光让她感到如芒在背。

这时，来自其他有经验的妈妈的一句"没事吧？"简直就像是一种救赎，可现实生活中这种情况并不多见。

大多数情况下，年长的男性往往投来严厉的目光，甚至

还有人会无情地呵斥:"吵死了!让他安静点!"

这种经历当妈的肯定遇到过好几次了。

这时到底应该怎么办才好呢?

为了帮助未成熟的孩子发展大脑网络连接,妈妈是不是只能忍让呢?

在幼儿园等释放孩子天性的环境中,孩子的行为在一定范围内是被允许的。可是在公共场合,妈妈更多的时候是陷入窘境。

应对这种情况的最佳方法只有一个,那就是默默撤退。不要带孩子前往对儿童的行为有严格要求的场所。

当孩子尖叫时,我们可以把孩子带离那个场所,等到孩子安静下来,再跟孩子一起商量一个规则。在家里,我们可以用角色扮演的方式,让孩子熟悉规则。等孩子掌握规则后,就可以设想下一个挑战了。

对于孩子来说,与其因为无法控制自己被责骂,有些地方不如暂时先不去。让孩子一个阶段一个阶段地适应,等能控制自己的行为之后再去。这样更有益于大脑的成长。

为了培养幼儿期孩子的大脑,应该拓展儿童应对失败的方法,并且创造一个宽松的环境,而不是告诉他应该如何避免失败。

和孩子一起制定适合他的规则

在必须保持安静的公共场合，即使是同胞兄弟姐妹，每个孩子的反应也都不同。有的孩子很容易遵守公共场合的礼仪，有的却很难控制住自己。==家长要根据每个孩子的个性，和他一起制定适合他的规则和目标。==

规则和目标不是由大人决定的，毕竟最后执行的是孩子，所以必须参考孩子的意见，与他一起制定。

如果是行为比较过激的孩子，妈妈可能也会减少外出的机会。

然而，就大脑机能而言，从坏的角度说，"难以控制行为"是"不受管教"，从好的角度说则是"意志坚定"。

幼儿期难以管教的孩子，只要我们好好配合他的成长阶段来应对，就能帮助他更轻松地建立起"抑制机制"。

到了青春期，这样的孩子反而能更好地表达自己的想法，同时也更独立。

==我们可以限制孩子所处的环境，但请尽量别限制孩子的行为。==

任何时期都很重要的事：
如何与孩子一起应对他的糗事

"诶？为什么要在这里说这种话？"

这是一位妈妈带着孩子在排队使用 ATM 机时发生的事。

排在他们前面的是一位头发稀疏的中年男性，孩子看见后就大声说："妈妈，那里有个秃子。"

妈妈听见后立刻说："不可以说这种话。"

结果孩子更大声地说："为什么？他就是秃啊。"

妈妈觉得很对不起那位男士，面对周围的目光也感到很难堪，根本没法接着待在那里，就匆忙带着孩子离开了。

孩子的话虽然不像大人听起来那样带着恶意，可实在是太直接了，所以大人听后往往会受伤。

从"成人视角"来看，孩子这一行为让人无语，可从"儿童视角"来看，看见一个秃头叔叔是一个伟大的发现，能勾起他强烈的好奇心。

而且孩子也不一定像大人那样，认为秃头是不好的。

==这时候大人配合"儿童视角"作出的恰当反应，应该是先肯定孩子的发现，然后和孩子一起思考如何应对这种情况。==

这样不仅可以让孩子习得一种新的恰当行为，也认可了孩子的想法，孩子的大脑网络连接就能得到拓展。

那么，实际应该怎么操作呢？

首先，我们要牢记"尽量限制环境，而不是行为"。

孩子把想到的事情直接说出来时，和他争论只会起到刺激的作用，像刚才那位妈妈一样马上离开才是正确的做法。

我认为，尽量避免和孩子理论，马上撤退才是上策。

虽然我明白大家会觉得好不容易就快排到了，离开有点可惜，可设想一下接下来会发生的问题，还是尽快撤离比较好，以免惹上更大的麻烦。

和孩子一起练习应对糗事的方法

刚才那位妈妈制定的规则正好是一个例子。

第4章 坚强的孩子是怎样炼成的

孩子好像对头发稀疏的叔叔很感兴趣,所以妈妈跟孩子约定好,如果发现了秃头大叔,就在妈妈的耳边小声地告诉妈妈"我找到了一个秃头叔叔,就在那里",然后孩子就能赢得一分。

这里必须要做的一件事,就是让孩子用眼睛记住这个规则。孩子记不住口头的约定,所以可以和孩子在家里模拟发现秃头后应该怎么办,这样在外面就能显得从容许多。

模拟后就会发现,孩子会做出很多我们难以预料的事情。

比如说,他会发出很大的声音,让周围的人都听见,或者一边笑着用手指,一边引起对方注意。

大人的常识和孩子不同,我们会在这个过程中遇到许多搞笑的糗事。在家里练习好了之后,就可以出门实践了。

据那位妈妈说,也不知道是高兴,还是想得分,后来孩子出门时,比之前更爱找头发稀疏的叔叔了。

不过,孩子可以像在家里模拟的一样,小声告诉妈妈,不让周围人发现。这样妈妈也暂且可以安心了。

母亲也学会了在孩子按照约定行动后,给他记分奖励。

后来,孩子的兴趣点不断发生变化,除了秃头,还有"胖阿姨""看起来很恐怖的叔叔"等,但好在"耳边策略"

一直有效，这对母子总能度过难关。

这位母亲也担心孩子会不会一直寻找新的兴趣点，但没想到孩子很快就"移情别恋"了，也能渐渐忍住不说出口了。

不仅如此，随着孩子的成长，他的这个小兴趣还带来了意外的惊喜。

只要看到有人遇到困难，或者落单的小朋友，这个孩子就会很自然地走过去搭话，很爱管闲事（褒义）。妈妈高兴地说："可能通过观察他人，孩子有了一颗包容、认可他人的心。"

任何时期都很重要的事：
"学会放弃"也是很重要的事

● 明明是期待已久的幼儿园过夜派对……

面对压力时，很重要的一点是控制情绪，但是对于孩子来说，建立"抑制机制的大脑网络连接"十分困难。

从专业的角度来说，大脑的抑制性神经递质"GABA"回路发育良好的孩子，从幼儿期开始就已初露端倪。

举个具体的例子会更有助于理解，那么我就给大家讲讲小健的故事吧。

小健正在幼儿园上大班，是个很精神的小男孩，他为下个星期幼儿园要举办的过夜派对做了万全的准备。

他在家里模拟在幼儿园过夜要如何抓虫子，还模拟了要怎么研究抓到的虫子，每天都在家兴高采烈地谈论着过夜派对的事。派对前几日的晚上,他还在客厅练习了自己一个人睡觉。

可谁知道,小健在派对前一天晚上,发烧到了38度以上。

妈妈问小健:"明天怎么办?都发烧了,要不请假吧?"小健说:"如果退烧了可以去吗?"然后马上就睡着了。

但到了第二天早上,小健还是发着低烧,体温在37度以上。

妈妈问:"小健,这可怎么办?就算你去了,老师也会叫我去把你接回家的。"

结果,小健背对着妈妈说:"反正今天也下雨,大家可能没有去抓虫子。"说完,他就回房间睡觉了。

小健的反应让妈妈感动得差点掉眼泪。

孩子其实很难放弃准备了这么久又这么期待的事,尤其是对于幼儿园大班的孩子来说,这真的是个痛苦的决定。

即便如此,小健还是假装坚强,接受了现实,同时还转过身去,不让别人看见他在哭。妈妈从他的背影里感受到了孩子的成长。

体验自己无能为力的事，并学着接受它

幼儿园大班的过夜派对仅此一次，只要是有孩子的父母，肯定都会想"怎么着都得让孩子感受一下"。

出于父母的苦心，一些家长或许会让孩子坚持去一下，甚至不告诉老师孩子生病了。但是这种情况下，让孩子自己做决定，对于成长来说至关重要。

尤其是，需要经历并接受自己无能为力的事，才能培养出一颗"坚韧的心"。

这时候如果用大人的视角强行介入孩子的世界，反而可能会妨碍孩子的成长。

只不过，放弃期待已久的活动很痛苦，当父母的自然都不希望孩子有这样的经历。

小健的妈妈也一样。据说后来他们全家一起去了幼儿园举行过夜派对的那个地方，还一起开心地抓了虫子。

原本痛苦的记忆被改写成了快乐的记忆，这件事现在仍是家里的一大谈资。

学会放弃自己努力已久的事，会成为孩子前进的原动力。

这也会成为孩子未来人生中，遇到困难时支撑自己走下去的力量。

青春期最重要的事：
孩子激烈言辞背后的真正意思

青春期孩子还无法完全学会如何表达自己的想法

青春期的孩子说话很冲，但不是所有的话里都包含了他们想表达的意思。

这个时期孩子的言行看起来总是很激烈，让人难以琢磨他们的真正想法。

即使是青春期的孩子，也还不太擅长表达他们真正想表达的意思。有时候，他们会被情绪驱使，说出很伤人的话；可有时候，他们又一声不吭。

这时，家长不被孩子的情绪所裹挟，找到孩子的真正想法很重要。

首先，我们要试着**倾听孩子的想法。**

家长如果在孩子进入青春期前就实践了我们在本书第 2 章中讲的"ACT 倾听技巧",那么当孩子进入青春期后,双方的沟通就会轻松许多。

不过,没有提前进行"倾听训练"也没关系,等孩子进入青春期后也可以培养倾听的本领,只是家长需要花更多心思,打探孩子的真实想法。

请倾听孩子的语言背后的声音

有这样一件真事。

有一天,一个大约 15 岁的男孩走进我的诊所。他眼神凶恶,面目狰狞。进来后,他突然说:

"我想要打仗,杀很多人,然后蹲大牢。我要把他们都碎尸万段,然后自己也死了算了。"

这时大家会如何应对呢?

"不能说这种话,要好好珍惜自己。""不能杀人。""不能寻死。"这些大概是比较常见的回答吧。

首先,<mark>通过语言表达激烈情绪的孩子,他的话里其实没有什么含义。</mark>

大人常常对青春期孩子说的话反应过激，不自觉地对"去死""杀死"一类的词特别敏感。但其实==最重要的是弄清楚孩子到底想表达什么==。

摸清孩子的情绪，仔细倾听他说的话，这与"ACT倾听技巧"是一样的。

实际上，在我倾听的过程中，这个孩子一直在重复同样的内容，同时不断否定我说的话。然而，随着时间的推移，他渐渐开始表露自己的真实想法了。

最后那个孩子说："要是有一个地方能让我感到安心，我也不会整天想这种事。班主任总是对我说'你老这个样子，将来肯定会被关到监狱里去'。每天晚上我做梦时，都有一个黑影跟我说话。我太害怕了，晚上都不敢睡觉。"

后来，孩子的那些激烈的言辞都转变成了自己想表达的想法，表情也变得柔和起来。

我认为，青春期孩子激烈的言行中虽然包含着情绪，但却未必有什么真正的含义。

正因如此，==我们要仔细倾听孩子说的话，只要孩子肯吐露真心，他就会发现自己内心真正想表达的意思。这将成为他独自前行的一个契机==。

任何时期都很重要的事：
"逃避"是孩子面对压力的一大技巧

● "应付"不一定是坏事

这里要介绍的是处理压力时不可缺少的一大技巧"逃避"。"逃避"就是字面上的意思，指的是孩子采取了"逃避"的行为。

<mark>"逃避"之后，孩子就可以避开负面情绪或者是于己不利的情况。</mark>

当我们遇到危机，大脑就会在"斗争"和"逃跑"之间抉择。然而我们一直被教育要直面困难，很少有人告诉我们应该如何逃避。

不过，很多人都在不知不觉中学会了用来"逃跑"的"逃避技巧"。

比如说孩子经常做的一个举动就是"先道歉，蒙混过关再说"（之后会详细介绍案例）。

当然，一些家长会觉得，这种行为没有理解问题的本质，同时孩子的这种态度也让他们感到生气。

但对于仍处于"成长脑"阶段的孩子来说，"先道歉"是恰当的逃避行为。

这样可以让孩子积累避开坏事、渡过难关的经验，也能拓展孩子的行为。

让孩子注意到自己的逃避行为

对于青春期之前的孩子，我们可以和他一起思考逃避行为，一起进行角色扮演，让他探索自己可以做到的事情。

然而对于青春期的孩子，以及自我评价比较低的孩子，即使我们跟他说"一起想办法吧"，他也会觉得我们是在逼迫或责怪他，我们的好心反而会办坏事。

因此，这时父母也可以把自己的烦恼讲给孩子听。我们可以请孩子帮我们想想解决方案，然后引导他反思自己的问题。

第4章 坚强的孩子是怎样炼成的

当孩子想不出解决方案的时候,我们再说出自己的方案供孩子参考,也是行之有效的方法。

不过,父母说的烦恼并不一定非得是真实的,要注意不要聊一些青春期孩子无法承受的沉重话题。

面对青春期的孩子,==重要的不是教他应该如何,而是要想办法让他自己意识到问题所在==。请家长们一定要注意"隐身"。我们要让孩子认为是自己察觉到问题并想出解决方案的。

==当孩子自己找到"逃避技巧"的时候,我们要表扬他,这样他更容易意识到这是恰当的行为。也就是说,要让孩子认识到"躲避即成功"==。

这样孩子就能更容易体会到成功的感觉。

再高的山,也可以一步一个台阶地爬上去。我们要让孩子感受到"只要自己去做就能成功"。

如果家长过度干预,一口气把孩子带上山顶,这对于孩子的自信心而言毫无益处,也无法帮他积累经验。

和孩子一起感受"一步一脚印踏踏实实往上爬"的感觉很重要。这样孩子就会更积极地根据自己的感觉去拓展"逃避技巧"。

养育最重要的事

不要强迫孩子压抑负面情绪

接触孩子的负面情绪,对于父母的"逃避技巧"也是一种考验。

不知为何,很多家长在孩子遇到困难时都会有一种强烈的责任感,觉得必须为他做点什么,但又不知道该怎么做。

当家长自己不擅长"逃避"时,他们就不知道如何应对孩子碰壁后的哭泣和悲伤,有时便会让孩子压抑自己的情绪。

明明孩子好不容易才通过负面的表现,展示出自己真实的情绪,有些家长却会大声说"不许哭""别烦我了",强行不让孩子宣泄情感。

因此,首先家长应该拓展自己的"逃避技巧",学会控制自己的情绪。

要想拓展"逃避技巧",可以参考搞笑组合"PEKOPA"里松阴寺先生[①]的做法,用积极的态度看待任何糟糕的事情。

[①] 松阴寺先生,日本搞笑组合"ぺこぱ"成员松阴寺太勇。——译者注

"逃避"也能教会我们许多

接下来介绍一下"逃避技巧"的具体案例。

妈妈这时又开始一刻不停地说教。

但是孩子今天和朋友约好了一起玩,所以必须得想方设法地出门才行。

于是孩子马上开始道歉:"对不起,是我不对。"

妈妈看到孩子道歉了,就以为他已经反省了,于是说了一句"下次注意哦",就不再多言了。

孩子学到了快点道歉就能避开漫长的说教,后来也不知是为了不被发现,还是为了快点逃脱,他想着法儿地道歉,方式千变万化,渐渐地掌握了道歉的精髓,变得越来越游刃有余。

当孩子"逃避"时,他们往往没有理解问题的本质,所以当他们做出类似举动时,一些家长会认为孩子"明明没有认识到自己的错误,却摆出一副敷衍了事的样子,真是太不像话了"。

而且,看着孩子越来越纯熟的道歉技巧,有人会觉得孩子胆小又无赖,但其实这是帮助孩子生存下去的一大武器。

"逃避"是一种保护自己的方法

面对孩子这种"先道歉，蒙混过关再说"的做法，我们即使看穿了，也最好睁一只眼闭一只眼。这对培养孩子的"逃避技巧"十分重要。

而且，大人要做的不是通过发火来宣泄自己的情绪，也不是通过孩子的道歉来满足自己的情感，大人应该做的是帮助孩子面对压力，掌握应对压力的方法。

任何时期都很重要的事：
面对压力，不可缺少的"逃跑"技能

逃避不是耻辱，而是实用的技能

"以牙还牙，加倍奉还！"

这是电视剧《半泽直树》中的有名台词，让人听了不由自主地雀跃起来。

像我这样昭和年间[①]出生的人，从小到大只有人教我们战斗的技巧，没有人教我们如何逃跑。所以听到这样的台词，我们很容易心有戚戚焉。

然而，想要孩子大脑发育好，光是这样可不够。

"逃跑"时使用的"逃避技巧"也同样重要。

---

① 昭和年间：1926～1989年。——译者注

在我们那个年代，逃避被认为是可耻的，逃跑的人还会被贴上"懦夫"的标签。所以，几乎没有人告诉我们应该怎么逃跑，我们也不知道如何才能逃跑。

但是，在面对压力时，"斗争"这种强硬的姿态和"逃跑"这种灵活的应对都很重要。

另外，==从孩子大脑发育的角度来说，为了让孩子不被失败拖后腿，不偏执，我们也需要培养孩子的灵活性，教他把失败控制在最小范围内，然后再继续前进。==目前该过程最缺失的一个思路就是"逃跑"。

"逃避"是与压力共存的关键技巧之一。

学会更多"逃避技巧"，可以让孩子在应对压力时有更多选择。

缺乏安全感的孩子更容易做出霸凌行为

无论做什么事都坚持自己的信念勇往直前是件好事。

但是过分执着于自己的想法，做事只重视结果，并不能让孩子得到成长。

而且，太固执的人无法接受与自己的预判不符的结果，最后会导致他将他人作为控制的对象，而非自己。

这样一来，他就无法学会自我控制，转而想要控制他人，以此来达到自己预期的结果。

==在帮助青春期孩子提高自我评价的时候，摆脱他人的控制和学会自我控制一样重要。==

孩子最容易遇到且难以逃脱的"他人控制"就是校园霸凌。

我认为，霸凌的背后是人类本性中带有的"控制他人"问题。

孩子是否认为自己的存在很重要？在内侧前额叶皮质的发育过程中，是否培养了一颗悲悯之心？如果答案都是"否"，那么这样的孩子就很容易成为霸凌的加害者。

缺乏安全感的孩子更容易做出霸凌行为。当霸凌表现为对他人的控制时，仅仅制止霸凌行为无法解决根本问题。

无法停止霸凌的孩子，只有通过控制周围的人，才能获得内心的安全感。

正因如此，==在"依恋"的基础上建立安全感，还有在青春期通过"经验"，激活内侧前额叶皮质等关于理解他人痛苦的共感区域都十分重要。==

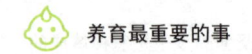

被欺负的孩子内心的悲鸣

说到霸凌,如果不是自家孩子被欺负,人们很容易采取一种隔岸观火的态度。

然而,到我诊所来的孩子曾这样对我说:

"我心里的伤永远不可能愈合。等到了初中,我就去死。"

面对一个说出这种话的小学六年级学生,我们该作何反应呢?

孩子的自我在霸凌中不断被否定,我们又能为他做些什么呢?

这些孩子并没有什么特别之处。

不知何时,我们自己的孩子也有可能陷入这种困境之中。

如何规避这种伤害呢?

这时,尤为重要的就是大脑在压力下的运转方式,以及用于"逃跑"的"逃避技巧"。

在人生中,能够逃跑也是一种强大

有一个男孩,放学回家的路上总是被年级里的其他同学捉弄,甚至会遭到拳打脚踢。即使如此,这个孩子也只会小声地喊道"别打了"。

可是突然有一天,这个孩子忍无可忍,一个擒抱就把欺负他的同学扛在了肩上。

其实,这个孩子一直在学摔跤,擒抱、投摔都是他的拿手动作。

那时正是放学时间,周围的大人赶紧过来制止,所以这个孩子最后并没有把欺负他的同学扔出去,只是静静地把他放了下来。

通常大家肯定会劝他"打回去"。毕竟,如果会这些招式的话,早就可以还手了啊。

然而,这个孩子天性温柔,并不喜欢与人争斗。对于这样的孩子来说,让他去"斗争"反而会让他压力倍增。

所以这个孩子选择尽量不还手,默默忍受。实际上,这个孩子还向我求助,想知道有没有什么方法能不动用武力。

后来,再被人捉弄时,这个孩子选择不予回应,或者逃得远远的。这个孩子还找好了逃避的场所,对于那些死缠烂打的,这个孩子在学校时就躲进老师办公室,放学后就拼命跑回家。

"逃跑"看起来是一种懦弱的做法，但这个孩子能坚持自己不想打斗的想法，他的内心其实强大得可怕。

而且这个孩子还得意地告诉我："感觉不妙的时候，我可以做到减弱自己的存在感，然后溜之大吉。"

对于一直认为"迎面出击才是正义"的人来说，为了"逃跑"而打磨"逃避技巧"或许很困难。

但其实，这个孩子的经历告诉我，实践"逃避技巧"并不代表逃避现实，有时甚至需要比"斗争"还强大的决心才能做到。

在此我要再次重申，人生中没有正确答案，不同的人遇到不同的状况，无论是"斗争"还是"逃跑"，都有可能是正确的选择。

==重要的是，无论孩子选择了哪种，我们都要从"儿童视角"出发，做出积极评价。==

比方说对于这个孩子而言，他做出符合自己观念的选择，自己感受到的压力就减少了，我们只要认同他的选择，就能提高他的自信。

而且，这样也能帮助孩子获得安全感。从某种意义上来说，孩子能够感受到自己的存在被认同，在此基础上，他的生存能力也会得到提高。

在进入青春期之前,==学会更多"逃避技巧",培养随机应变的能力,有助于孩子接纳自我,掌握在自我可控范围内的应对能力。==

这样,就算在外人看来很艰难,可用自己的方法面对困境的孩子本人却更容易获得安全感,从而与压力共存。一颗"强大的心"也由此而生。

青春期最重要的事：
家长如何理解
孩子内心的呐喊

● 为什么孩子会自残？

青春期的孩子在处理与周围的关系时，有时不会采取向外的攻击性行为，而会向内做出自残行为。

那么，我们该如何与有自残行为的孩子相处呢？

有一位父亲曾对伤害自己的孩子说："你这样爸爸也会痛的。"

但是孩子的行为并没有发生改变，父亲也仍处于痛苦之中。

当然，正如那位父亲所言，看到孩子伤害自己，家长体会到的痛苦更甚。

所以，为了孩子，我们首先需要了解自残的机制。

==自残是人在感受到难以忍受的心痛等强烈的情感时，为了忍住这种情感而做出的行为。==

人在进入这种高度紧张的状态后，大脑会产生一种具有麻醉效果的物质，叫作"脑啡肽"。这种物质会让人失去感觉，从而出现自残行为。

也就是说，==人可以通过自残从痛苦的情绪中逃离出来，所以才会不断重复这种行为。==

不断自残导致身体习惯了疼痛，自残能带来的效果就会减弱，于是伤害自己的行为就会变本加厉。

曾经有个孩子跟我说："我就是觉得自己低人一等，为了赎罪，我必须伤害自己。看到伤口我就心满意足了。也许拿刀划开自己就能让我从痛苦的现实中解脱出来。"

不要试图用讲道理来让孩子停止自残

那么，我们应该如何应对孩子的自残行为呢？

难道只能不停地劝说吗？

首先要明确的是，=="不可以伤害自己"这种敦促孩子克制自己的话反而会起到反作用。==

从某种意义上说，自残可以在短时间内掩盖内心的痛苦，制止这种行为的言行反而会阻断孩子逃离苦海的一线生机。

我认为，自残行为的应对方法与幼儿期负面情绪的处理方法是一样的。

我们需要让孩子宣泄负面情绪，也就是说，要拓展"逃避技巧"。

说得再详细一点就是，==不要否定孩子的情绪，而是要帮助他增加表达痛苦的方式。==

告诉孩子停止自残，就相当于否定了他的情绪，而要想让他走出这种痛苦，就需要和他一起思考一种代替的行为。

这种情况下，==能想到的代替方案有2个，即"刺激性代替"和"逃避性代替"。==

"刺激性代替"可以是以下这些：

- 把自残行为中接触皮肤的刀，换成冰块或皮筋，让孩子感受相对更为安全的代替感觉。
- 将激烈的情感转换为高强度的运动，如力量型运动（负重训练）、间歇跑（心肺训练），以此激活大脑中的其他区域。
- 去 KTV 尽情歌唱，宣泄情绪。

"刺激性代替"可以让孩子用除了自残以外的行为感受到同样的刺激。

而"逃避性代替"则是以下这些：

- 通过自生训练①或呼吸法等，提高对身体其他部位的意识。
- 投入到自己喜欢的事之中，如画画、听音乐，来调整心情。
- 找一个信赖的人，倾诉自己所有的负面情绪。

"逃避性代替"可以让孩子通过除了自残以外的其他行为转移注意力，短时间内从痛苦的情感中走出来。

代替也好，逃避也好，总之我们要和自残的孩子一起思考他能做的其他事，让他意识到自己其实也被珍视着。我在面对这些孩子时，总是抱着一种期待，希望能帮他们找到一个活出自我的契机。

---

① 自生训练，通过自我暗示，缓解焦虑或肌肉紧张的方法，最早由德国神经病理学家沃格特提出。——译者注

幼儿期和学龄期最重要的事：
让孩子获得安全感的魔法"Only You"

● "Only You"指的是和孩子一对一相处的时间

在本章的最后，我想给大家介绍一个我在诊所实践过的技巧——Only You。这是让幼儿园大班到青春期之前的孩子获得安全感的最佳办法（在以幼儿期的孩子为对象时，只要不超出母亲的忍受范围，可以不限时间和次数反复应用）。

这个方法也被应用在我所独创的父母管理训练中（抚养者学习如何与孩子相处的课程）。Only You的目标是创造一段让孩子感受到父母已经完全接纳了自己的时间。

孩子只有感到自己被接纳了，才能与抚养者建立亲密关系。所以我们要做的是，创造一段时间，以"儿童视角"和孩子一对一相处。

==即使家里有多个孩子，这段时间也必须是一对一的。==

这个时间也是家长观察孩子的时间。他是如何玩耍的？他喜欢什么？在这段时间里，家长也可以发现希望孩子继续坚持的事。

这个方法适用于进入青春期（大约10岁左右）之前的孩子。

我采用这个方法，是为了创造一个帮助孩子建立安全感的契机，因为建立安全感是孩子进入青春期之前最重要的事之一。

尤其是对于那些不知如何与孩子相处的家长，还有孩子有依恋障碍的家长，这个方法尤为有效。

即使每次仅15分钟，"Only You"也十分有效

那么让我们来看看，这个方法具体是怎么操作的。

定好每周一次"Only You"的时间。

首先，寻找一段母亲心情放松，能和孩子独处的时间。

为了孩子的成长，很重要的一点是定好"Only You"的次数，并保证不超过该次数。如果孩子形成习惯，在不是

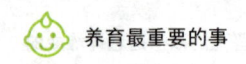

"Only You"的时间段,他也会想到这段时间。限制次数能让孩子更深刻地认识到"Only You"时间。

- **向孩子提议设立"Only You"时间**

  母亲可以对孩子说:"我们来玩个叫作'Only You'的游戏吧。在这段游戏时间里,宝宝可以跟妈妈两个人独处,玩你最喜欢的游戏。"然后可以跟孩子一起给这段秘密时光取名,因为有了特定的名字之后,"Only You"的效果会更明显。

- **具体时间也要与孩子商量后再决定**

  "Only You"的具体时间,也要与孩子商量后一起决定,如"星期天下午三点到三点十五分"等。时长十五分钟至三十分钟就已足够,不需要再延长。因为在这段时间里,大人要以"儿童视角"与孩子相处,其实这对于大人来说也是一种负担。如果超过半个小时,大人或许难以维持与孩子的这种关系。只需要十五至三十分钟,就足以让孩子感受到与母亲的亲密关系,所以不用勉强自己。

- **游戏和游戏规则也要和孩子一起决定**

  在"Only You"时间内玩什么、怎么玩都可以提前跟孩子商量好。尤其是要和孩子说好,玩电子游戏等无理的

第 4 章 坚强的孩子是怎样炼成的

要求是不会被答应的。

另外，尽量避免特别吸引孩子注意的电子游戏、动漫等。尤其不要在这个时间里玩电子游戏。"Only You"只有十五到三十分钟，一旦开始玩电子游戏，游戏就成了主体，就缺少了两人的互动。

还有，无论母亲多温柔，都不要在这段时间里辅导孩子功课。因为这样一来两人的关系又成了指导和被指导的关系，违背了"Only You"的主旨。

如果孩子特别不擅长和家长一起玩游戏，或者孩子就是喜欢自己一个人玩，那么母亲在一旁看孩子玩也是可以的。这时，母亲可以发出声音，用语言描述孩子玩游戏的动作，让孩子知道，妈妈对他玩的游戏很感兴趣。

如果难以决定到底玩什么，可以提议玩孩子平时爱玩的游戏。==但仅仅是提议而已，不是命令，最后的决定权还是要交给孩子自己。==

这样的孩子可能会多次改变游戏内容，换来换去最后又回到原点。在孩子能够自己决定之前，我们可以耐心地陪他一个游戏一个游戏地尝试。有时，画画、捏橡皮泥、翻绳、弹珠、黑白棋、词语接龙、翻唱儿歌等简单的传统游戏也意外地受孩子的喜爱。

- **"Only You"时间里一定要配合孩子速度和节奏**

  游戏中如果孩子节奏很快,家长跟不上,那么可以请孩子教我们如何游戏。相反地,如果孩子不紧不慢,悠闲得让人着急不已,我们也千万不要把不耐烦表现在脸上。敏感的孩子在这个时期能捕捉到母亲脸上任何一个细微的表情。因此,母亲需要在这段时间里饰演好自己的角色。

  通过游戏,母亲可以发现孩子的良好行为,并使用表扬的技巧(具体方法请参照第 3 章),来加深孩子对这种行为的意识。

- **"Only You"时间里不可以做的事**

  "Only You"的目的在于让家长完全接纳孩子,因此这段时间里家长不可以命令或指使孩子做事,也不要做出负面和否定的评价。

  如果孩子说出了不合时宜的话,家长可以使用那句既不否定也不肯定的魔法"原来你是这样想的呀"。即使孩子不遵守规则,也要等到"Only You"时间结束后再指出。

  "Only You"不是普通的游戏时间,我们要让它成为对孩子来说十分特别的魔法时间。

幼儿期和学龄期最重要的事：
"Only You"塑造孩子的行为

"ONLY YOU"给孩子带来的变化

坚持"Only You"就能建立幼儿期和学龄期孩子的安全感，也能培养一颗"坚强的心"，为迈入青春期后的自律做准备。

"Only You"给孩子带来的变化主要有两点：

- **黏黏腻腻的撒娇行为**
  出现这种行为就是一个大好时机。当孩子对妈妈发起"撒娇攻势"时，大家可以试试"撒娇反击"，而不只是一味地接受。

  当孩子进入到小学四年级后，体格变得强壮，个头也在拔高，承受他们的"撒娇攻击"对家长来说会成为一种身体上的负担。而且，在"Only You"时间之外，孩子撒起娇来，母亲要是没有心理准备，或手头正忙，会很难给出恰当的回应。

然而，这时候的孩子会下意识地用全身来感受母亲的反应，一丁点儿不耐烦的表情或态度都会被孩子马上发现，白白错失一个培养安全感的难得机会。

当孩子撒娇时，如果母亲能用自己的节奏控制场面，那么接纳孩子的情绪就会变得相对容易。到底怎么做呢？那就是母亲先主动发起"撒娇攻击"。

==对于处于撒娇阶段的孩子而言，"反撒娇攻击"十分有效。母亲的这种主动行为，可以给孩子带来安全感。==

反复几次之后，孩子黏黏腻腻的撒娇行为就会减少，很快他就能渡过这个阶段。

● 试探行为

"试探行为"指的是孩子试探与对方之间距离的行为。对于被试探的大人而言，这些行为大多是令人发愁的。

比如说，明明说了很多次"不能这样哦"，孩子还是嬉皮笑脸地在公共场合大声喧哗。或者，偏偏挑妈妈就在跟前的时候把妹妹弄哭，之后还装作若无其事的样子。

从大人的角度来看，"试探行为"是家长不希望孩子做的事情，但对于处于"成长脑"时期的儿童来说，这只是成长发育过程中的一种正常反应而已。

==孩子只有在明白自己即使表现出负面的情绪也能被完全接纳后，才能培养出安全感。==

尤其是没有建立好"依恋关系"的孩子在尝试"Only You"之后，他的"试探行为"会愈演愈烈。

因此，如果在进入青春期之前，孩子的"试探行为"能被完全接受，他就能获得名为"安全感"的超级铠甲，之后就能更平稳地度过青春期。

=="试探行为"其实是孩子迈入青春期时培养自立能力过程中的一个重要环节。==

在"Only You"的时间里，请让孩子尽情撒娇，尽情试探，然后全盘接纳。

如果孩子发起"撒娇攻击"或"恶作剧攻击"，那就说明他快要渡过这个阶段了。

你是否希望自己的孩子变得更好？

在诊所里，每次开始父母管理训练之前，我都会问母亲们一个问题：

"你是否希望通过参与育儿,来使自己孩子的行为得到改善,性格变得更开朗?"

可能有人会觉得这毋庸置疑,但其实很多母亲曾经成长于被虐待或忽视的环境中,当她们看到孩子越来越好,就会想起自己小时候并没有得到父母良好的照顾,所以反而会对活泼开朗的孩子感到愤恨。

因此,当母亲不能衷心地对孩子的成长感到快乐时,我不推荐她像父母管理训练这样与孩子相处。我们首先需要解决母亲自己的问题。

守护孩子成长的过程中,理解"儿童视角"很重要,但在开始之前,家长需要先直面就连自己都很难发现的问题。正因如此,我才会说"育儿"的对象虽然是孩子,但对家长来说也是一次成长的机会。

第 5 章

如何与"问题孩子"相处

任何时期都很重要的事：
依恋障碍与发育障碍并非与我们无关

虐待、发育障碍并非显而易见

现在，电视、网络等媒体常常报道孩子遭受虐待或遇到发育障碍的新闻。

有些人或许会觉得这和自己的孩子无关。当然，我没有否定这种想法的意思。

只是，虽然大人不觉得是虐待，但实际上却对孩子过于严厉，还有难以察觉的发育障碍和二次伤害等，这些情况也很多。

虐待不仅指暴力的行为

这里说的"过于严厉"，指的是一切不接纳孩子的行为和态度，包括在身体上或心理上的无视、否定和攻击等。因此，前面提到的接受孩子的负面情绪是件十分重要的事情。

还有父母之间的家暴也会带来十分严重的后果。这种行为看似不是直接针对孩子，但当孩子看到本应作为自己安全港湾的父母大发雷霆、互相伤害时，他的安全感就会动摇。

也有人认为，就对儿童大脑的影响而言，语言暴力比肉眼可见的身体暴力危害更大。

虽然大人不觉得自己伤害到了孩子，但实际上却在孩子的大脑中留下了深深的伤痕。

这苦涩的伤痕会一直留在孩子心里，即使等到他长大后也不会消退。

有位母亲曾经告诉我："我小时候常常被父亲打骂，现在回想起来心里还难受得不行。即使父亲死了，这种悲伤也未曾消失。"

孩子在发育上的与众不同，常被归结为气质问题

孩子在发育方面显示出的不同特征，常常无法用单一的遗传原因解释。在多层因素的叠加下，其表现方式和程度往

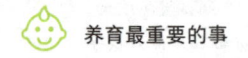

往有很大差异。

因此，很多孩子虽然没有被诊断为"发育障碍"，却仍然需要相应的应对。

如果大人按照社会一般的规范来要求他们，就无法看见他们心中的痛苦，结果就会给他们带来二次伤害。

有发育障碍或在发育方面与众不同的孩子，他们的问题不容易被发现，因此更容易受到过于严厉的对待，从而影响到依恋关系的形成。

从某种意义上说，有发育障碍的孩子的大脑机制属于少数派，他们的视野反而宽广得超乎想象。

如果能够理解这些孩子的视角和发育特征，我们反而能从孩子那里学到很多。

有些孩子能感知到我们大人感知不到的东西，堪称天才。其实，在超一流的运动员、科学家中，不乏有人具有这样的特征。

在这里我没法一口气把关于"受虐待的孩子""受苛责的孩子""有发育障碍的孩子"的所有内容都讲清楚，但是了解一下这些孩子的视角和特征，应该能为大家面对自己孩子提供一些启示。

任何时期都很重要的事：
如何与"心灵受伤的孩子"相处

"样样都好"的孩子家长更要注意

这部分内容与前面有些重复，但我还是要强调，如果孩子不管在家还是在学校都表现出与其年龄不符的乖巧，那就要考虑他是否存在"发育问题"或"依恋问题"。

然而，要分辨以下两种情况并不容易。

- 在发育方面与众不同的孩子常常会遵循一种非此即彼的思维，想法非常极端，必须严格按照制订好的计划行事。
- 有依恋问题的孩子常常会认为如果自己做不到百分百完美，就不会被接纳。

无论属于哪种情况，在我看来，在上小学前各个方面都表现得很好的孩子比有行为问题的孩子更需要被关注。

尤其是现在学校里有依恋问题的孩子非常多。==这样的孩子首先需要学会珍惜自己。我们要让他知道，自己是需要被重视的存在。==

因有心理创伤或依恋障碍而不允许自己失败的孩子，还有因被抚养人过度保护而没有失败经验的孩子数不胜数。

有依恋问题、没有形成安全感的孩子，总是觉得没有人会保护自己，即使是很小的刺激，也容易对他造成心理创伤。另一方面，因虐待等心理创伤而失去安全感的孩子，同样会有依恋问题。

在"依恋问题"与"心理创伤"的双重作用下，难以获得安全感的孩子，往往认为只有自己才能保护自己，所以会不断增强自我防备。

而且"依恋""虐待"等问题不只会在一段时间内影响到孩子，这种环境带来的影响会一直伴随着孩子的成长，最终引发更大的问题。

对老鼠的实验表明，出生后马上被带离母鼠身边的小老鼠承受着巨大的精神压力，在成熟后（相当于人类成年后），这些老鼠会表现出异常的行为，而这种行为还会延续到子孙数代身上。

也就是说，"依恋"和"虐待"问题会超越数代，对我们养育孩子带来影响。我们预防这些问题，当然是为了孩子。同时，考虑到社会与未来，我们也必须防止"依恋"与"虐待"问题的发生。

任何时期都很重要的事：
如何与"心灵闭塞的孩子"相处

受虐待的孩子心里会怎么想

"爸爸讨厌我，但我还是想让爸爸抱抱我。"

一个男孩在长期受到父亲过于严厉的对待后，对我说过这样的话。

受到包括虐待在内的不当对待后，孩子是如何看待父母的呢？

会不会觉得"妈妈讨厌我，妈妈恨我"呢？

如果这样想的话，孩子其实会认为妈妈是坏人，有错的不是自己，而是妈妈。

也就是说，孩子能够用一种自我保护的视角，认为被责骂的自己明明没做错，却还要受到这种不公正的待遇。

然而，受到虐待的孩子不会这么想。他们会认为：

"我挨打是因为我不好，我是个没法按要求完成任务的废物。"

他们甚至会认为，自己挨打是件天经地义的事情。

这样的孩子不可能会对自己有很高的评价，在他心里，自己就是一个一无是处的窝囊废。

自我评价极低的孩子会不断重复有问题的行为，因此会遭受更多来自周围的恶意。用专业的语言来说，他会形成一种错误的学习网络，从而不断积累对自己的负面认知。

他们还会把想要与他们交往的人也卷入这种负面螺旋中并对其实施控制。

如何与不信任成年人、心灵闭塞的孩子相处

那么，我们到底该如何与那些受过虐待等不恰当对待的孩子相处呢？

这个过程中最重要的是，我们的相处不能按照孩子预想的方式进行，千万不可被孩子所控制。

到底是怎么一回事呢？让我来按顺序说明吧。

首先，一直受到不恰当对待的孩子，对自己的评价都很低，与他们相处时有一个问题非常棘手。

那就是这些孩子会故意反复做出让大人感到头疼的行为。

因为屡教不改，所以周围的大人会继续苛责他们，这就导致他们对自己的评价进一步降低。

不仅如此，对于只会如此对待他们的大人，孩子也不会产生信任感。因为大人被孩子的行为激怒后做出的反应，完全在孩子预想的范围内。

无论大人多么努力地回应孩子，他们的反应都和孩子预料的一样，所以在孩子看来，大人总是漫不经心的，只是在敷衍自己罢了。

==而大人只能做出孩子预想范围内的行为，从另一个角度可以说，大人已经被孩子控制了。==

即使是发火等负面的行为，如果大人的举动完全在孩子的预想范围内，那就说明大人已经被孩子所控制。

还有，因为这些孩子被剥夺了安全感，所以总是处于紧张的状态之中。同时，为了适应危机，他们总是用一种扭曲的视角来理解周遭事物。

也就是说，即使是于己不利的后果，只要是发生在预想范围内的，他们就可以认为周围都在自己的掌控之下，并对此感到安心。==从某种意义上说，他们就是在这种扭曲的视角下，为了得到安全感而屡屡做出不当的行为。==

当我们在面对这些孩子时，千万不能被他们所控制。

不过，=="不被控制"并不是指对孩子的话坐视不理，也不是要反驳孩子说的一切，而是要做孩子意想不到的事。==

如果大人如此应对，孩子一开始会感到非常不安，为了将一切置于自己的掌控之下，他的行为会升级。

最后，如果他发现自己无法控制大人，才会小心翼翼地把意识转到我们身上。

用"意料之外"打开与孩子交流的大门

受到包括虐待在内的不恰当对待的孩子，会想要控制周遭事物。与这些孩子对话时，我会减少刺激，尽量在空无一物的房间里与他谈话。

一开始，孩子肯定不愿意开口，不是扔东西就是踢墙，表现得非常暴躁。即使如此，我也只是不动声色的样子，故意不去看他，只是平静地坐着。

随后，当孩子渐渐平静下来，我会做出他意想不到的事。

孩子心里想的是，他肯定会发火吧，即使不发火，也不会给我好脸色。但我完全不提他暴躁的行为，只是平静地说："让我看看手有没有受伤？"

因为我是儿科医生，所以从医生的角度关心他是否受伤并没什么不自然的地方，但孩子已经做好被骂、被指责的心理准备，对于他来说，我的举动并不在他的意料之中。

所以，当发现有人关心他手是否受伤时，这个孩子惊讶得不知道该如何反应。

不过，虽然也有孩子马上伸出手，但大多数孩子都是面带迟疑地盯着我看。

可是不断坚定地重复这样的应对方式，孩子最后都会把手伸出来。

如果孩子能把手伸出来让我治疗，之后他就会渐渐把我的话放在心上了。

对于长期受到苛责的孩子来说，与自己无法控制的人相处是十分可怕的事。

但是，如果能让他感到"即使是自己无法控制的大人，也可以安心交往"的话，在那一瞬间，与他交流的大门便打开了。

任何时期都很重要的事:
如何与"无法坦然接受爱意的孩子"相处

受过虐待的孩子会把爱当成控制自己的手段

与受过虐待的孩子相处,重要的是不要被他们所控制,要做他们意料之外的回应,让他们在相处过程中感到哪怕一丁点的安心。

在研究有依恋问题的孩子时,也得出了同样的结论。就像以下研究结果所显示的那样,这些孩子不仅对"微薄报酬"没有反应,对"丰厚报酬"也无动于衷。

被报酬所左右的状态,可以说是一种自己被控制的状态。另一方面,不被报酬所左右,就说明孩子无法对可以控制自己的事情做出反应。

当接触这样的孩子时,我们释放的爱意常常会让孩子感

养育最重要的事

	神经学典范	ADHD治疗前	ADHD治疗后	依恋障碍治疗前
高报酬任务				
低报酬任务				

图 5-1

▶ 最右边用线框起来的是有依恋障碍的孩子的脑部扫描图，这与最左边"神经学典范"的孩子不同，也与左数第二幅ADHD（注意缺陷多动症）治疗前的孩子不同。可以看到，在最右边的图中，无论是对于"微薄报酬"还是"丰厚报酬"，孩子的大脑都没有反应。

来源：福井大学儿童心理发展研究中心 友田明美

到混乱。

对于"爱"这个行为，孩子会感到不安，害怕自己会被爱所控制。

因此，和受苛责的孩子相处时，很难找到一个合适的距离。

这些孩子也不擅长与人保持合适的距离。

过于亲近，则可能招致误解；过于疏离，则又可能难以与大家交往。

因为不会保持恰当的距离，这些孩子的行为总是发生变化，非常不稳定，导致他们对抗压力的耐力很差，常常会因为一些小事而反应过激。

因为很少被人接受，所以也很少接受他人

我见过一个受虐待的孩子，他自己可以爬到很高、很危险的地方，也敢从高处往下跳，可不知怎么，就是不敢坐在别人肩上骑大马。

他有时也会主动向我跑来，但基本上对于自己无法控制的事都感到十分恐惧。

无论我多么饱含爱意，受过苛责的孩子都有一种忧虑，害怕自己会被人控制。

==面对那些受过虐待的孩子，我们首先要接纳他们，对于他们的身体和心理，我们既不要否定，也不要无视或攻击，给他们创造一个能够让他们感到安心的环境比什么都重要。==

如果不能让孩子感到安心，那么任何报酬（爱、亲切的应对、积极的接触）都将毫无意义。

任何时期都很重要的事：
理解"在发育方面与众不同"的孩子

"发育障碍"很难辨别，希望家长多加注意

之前所说的"依恋"和"虐待"问题，虽然应对起来有难度，但成因都是后天的。

然而，孩子"在发育方面与众不同"却主要是先天形成的。

因此，面对这些孩子，我们的目标不是要求他们和其他孩子一样，而是要理解孩子的特征，灵活应对。

尤其是智力上没有问题，只是在发育方面略显不同的孩子，如果用一般的标准来看，很容易给他们贴上"任性""自以为是"的标签。

结果导致这些孩子总是被批评，最后影响依恋关系的形成。

另外，现在的科学研究认为，"在发育方面与众不同"的孩子大多是由基因导致，因此很难将之与普通孩子区别开来。

也就是说，在普通孩子中，也有许多有着不同发育特征的孩子正饱受煎熬。

因此我们可以说，当我们自己的孩子也有某些特征时，理解"在发育方面与众不同"的孩子，思考他们的视角，会给自己的育儿带来许多启示。

第 6 章

芬兰人是如何育儿的？

任何时期都很重要的事：
从芬兰学到的
"养育最重要的事"

芬兰人是如何育儿的？

在诊所开始营业之前，我给自己放了三个月的假。

这期间我不在医院坐诊，而是和行政助手一起上门访问，听听孩子的烦恼和他家人的想法。有时候我还和孩子们一起去体育馆做运动、玩游戏，这些经历让我接触到了各个家庭，了解了他们的现状。

干儿科医生这一行，很难有这样的时间。后来这也成为我打开视野的一个契机。

我还参加了许多非儿科专业的研究会和学会，了解了曾经感兴趣却没机会学习的许多方面，其中收获最大的，就是和大学生一起去芬兰进行短期交流。

第 6 章　芬兰人是如何育儿的？

当时我不仅看儿科的一般疾病，还经常接触受虐待儿童和他们的家庭。那时我一直找不到与他们相处的方法，为此感到十分苦恼。

而且，我也掌握不好与那些孩子以及与他们家人的距离，导致每天都在经历失败，甚至对"人究竟是什么"这一命题感到迷茫。

就在那时，我了解到了芬兰这个国家的情况。当时有一个名为"国际学生评估项目（PISA）"的国际学习能力调查，在科学、阅读理解、数学等诸多方面力压群雄的就是芬兰这个国家。

我想，这肯定是个教学十分严格的国家吧，然后就随意了解了一下芬兰的教育体系，结果令我大吃一惊。

我原以为芬兰的教育中一定有像亚洲一样残酷的考试，并且有一套高效的应试方法，结果越了解就越发现自己原来的想法有多离谱。

其实，在芬兰的教育里，孩子有各种各样的选择。在芬兰，没有人强迫孩子，孩子们看起来都十分有活力。

但是我又想，怎么可能做到又尊重孩子，同时又能让孩子好好学习呢？

想要亲眼见识一下芬兰教育的想法越来越强烈，于是我想办法参加了大学生的短期交流项目，来到了心心念念的芬兰。

芬兰的教育方针是"孩子只要做自己即可"

在芬兰，首先让我惊讶的是幼儿园里老师与孩子的相处方式。

对待有发育障碍、容易冲动的孩子，老师很少用语言指导，而是坐到他身边，限制他的某些行为。当孩子表现得好的时候，老师会在他耳边小声地表扬。

面对有发育障碍特征的孩子，专业的老师会进行一对一指导。这种以人为本的方法当然值得参考，但最让我感到吃惊的是老师泰然自若的态度，简直让人看不出他是在照顾有发育障碍的孩子。

老师的应对乍一看十分简单，实则具有一贯性，可以看出老师是十分了解孩子的。

在芬兰，在帮助有发育障碍的孩子方面，有一套十分成熟的制度。

当我询问有关"依恋障碍"的问题时，得到的答案却是"这里的孩子没有日本所谓的'依恋障碍'"。这一说辞又让我

第 6 章　芬兰人是如何育儿的？

备感惊讶。

幼儿园的老师和"NEUVOLA"妇幼保健中心①的医护人员都没有听说过"依恋"这个词。这更叫我震惊。

离开前幼儿园园长对我说的话，直接影响了我此后对待儿童的态度。

==“我们幼儿园的基本方针就是孩子什么都不用学，什么都不用掌握，孩子只要做孩子就好，只要玩就够了。我们的工作就是不要给孩子多余的压力。”==

也就是说，不以大人的视角做些多余的事，更有助于孩子的成长。于是我找到了自己学习的方向，就是要找一种理论体系，为芬兰园长说的话作背书。

在参观完幼儿园和 Neuvola 之后，短期交流项目就结束了，但我仍继续留在芬兰，参观小学、初中、高中、大学，走访了教育委员会、特殊教育学校、图书馆等所有教育机构。

在芬兰的经历，完全颠覆了我关于儿童成长的认识。就是在那里，我感受到了从"儿童视角"来看待世界是件多么美好的事。

---

① "Neuvola"妇幼保健中心，Neuvola 是芬兰的幼儿保健系统，旨在为养育孩子的家庭提供从怀孕到孩子上学为止的支援与帮助。——译者注

幼儿期最重要的事：
"守护"也是重要的育儿技巧

谁带孩子去公园玩

日本有个词叫作"公园初亮相"，意思是妈妈第一次带孩子去公园玩。不过，公园不仅是孩子玩耍的地方，在那里，妈妈的人际交往问题也常常会被放大。

妈妈的一举一动是否能被这个社群接受，甚至会影响到孩子间的交往。一想到这个，就不免觉得有些紧张。

不过，我在芬兰一个叫作"坦佩雷"的城市里不经意看到的一幕，叫我十分惊讶。

如果我们也能那样做，就能缓解"公园初亮相"的紧张，还可以增加这个阶段爸爸对于孩子的存在感，甚至有机会让爸爸成为一家人的英雄。

第 6 章　芬兰人是如何育儿的？

在坦佩雷的公园里有很多孩子玩耍，却不见任何一位妈妈。

仔细一看，带孩子的全都是爸爸。

芬兰爸爸的"守护式育儿"

爸爸们之间没什么交流，只有当孩子们玩到一起去时，才会有些腼腆地相视一笑，然后走近孩子，继续默默地看着他们玩耍。

孩子们在公园里自由地奔跑，有时会爬到高处，有时会做危险的动作，但爸爸们也不会大声喊"危险"，而是预先做好准备，保证孩子即使掉下来也不会受伤。

这种"守护式育儿"只有这个时期的爸爸才能做到，可以瞬间提升爸爸的存在感。

对于妈妈而言，她们可以尽情享受属于自己的自由时间，也可以从烦心的人际关系中解放出来。

孩子也不用听说教，可以自由地玩耍。这十分有益于拓展孩子的大脑网络连接。

"自由玩耍"对于大脑的功效无法估量。对于孩子和妈妈而言，能够静静守护这种自由玩耍的爸爸肯定会成为越来越重要的存在。

在"NEUVOLA"学习育儿

我对芬兰爸爸这种简洁、安静的育儿方法大为震惊，然后忍不住和一位爸爸聊了起来。

聊了之后才知道，原来这种育儿方法是在"NEUVOLA"学的。芬兰的"NEUVOLA"就相当于日本的母婴保健中心。

在芬兰，当孩子还在妈妈肚子里的时候，准爸爸准妈妈就要定期一起去"NEUVOLA"学习为人父母的知识。

在"NEUVOLA"不仅可以学习换尿布、喂奶等基础的身体护理知识，还会学习如何与孩子玩耍，以及育儿中父亲应该扮演什么角色。

刚进入"NEUVOLA"学习时紧张的准爸爸准妈妈，等到孩子出生时就会成长为泰然自若的爸爸妈妈。

就这样，在妈妈出门的时候，爸爸能够承担起照看孩子的责任，并让孩子尽情玩耍。

有点腼腆的爸爸们似乎并不擅长在公园里聊天，但这对

第6章 芬兰人是如何育儿的?

于育儿来说却刚刚好。

爸爸们互相注意不影响到他人,除此之外并不多说话,而是静静守护着孩子,这样反而减少了很多困扰,是种恰如其分的育儿方式。

而且他们好像是特意不多说话的,即使是孩子做出危险动作,或是要伸手打人时,他们也不用语言制止,而是直接限制孩子的行为。

过于频繁地跟孩子说话,会让孩子感觉自己被责备了,反而会让他胆怯。这种状态会让孩子难以明白什么是坏的行为,对于大脑网络连接毫无益处。

像芬兰爸爸那样,少对孩子进行语言上的教育,其实更有利于孩子的成长,因为当家长真的用语言提醒时,孩子更容易意识到自己在做不好的事情。

芬兰爸爸这种与孩子相处的模式,在我参观的幼儿园和特殊教育学校都十分常见。

电视上也经常播放一些宣传片,告诉人们要照顾身边患有发育障碍的孩子。

在芬兰,随处可见对孩子无微不至的照顾。虽然我在芬兰的时间很短,却着实学习了许多有关育儿的知识。

学龄期最重要的事：
芬兰孩子学习的"辩论规则"

在芬兰，小孩也要学习辩论的技巧

在芬兰，即使是平时很害羞的孩子，在小学的辩论课上也能大方地说出自己的意见。

我参与了他们的辩论课，当被质问"你的论据是什么"时，一瞬间有一种被责怪的感觉，但对于芬兰孩子来说，这是他们培养思维方式的一种必要技巧。

芬兰小学生在辩论时有明确的规则。以下是其中一例：

- 不打断别人说话
- 说话时不喋喋不休
- 说话时不生气、不哭泣

第 6 章 芬兰人是如何育儿的?

- 有不明白的地方就马上提出
- 说话时看着对方的眼睛
- 别人说话时认真倾听
- 认真听到最后
- 不说让辩论不成立的话(不反驳辩论的前提)
- 不随便断言别人的观点是错误的
- 辩论结束后就不再继续辩论的话题(有意见要在辩论的时候说,不要有不服气的态度)

日本有没有教孩子表达自己想法的课程呢?沟通能力在生活中至关重要,如果不多加练习是无法提高沟通能力的。

如果不像芬兰这样,遵循一定的规则,磨练沟通的技巧,这种能力大概不会得到提升。

有了具体的规则,孩子就能更清楚地明白,在别人说话的时候插嘴是多么违反规则的一件事。

这也能帮孩子认识到,自己的意见被一味地否定是件多么难受的事。

如果能把辩论的场合与日常生活区分开来,理解适可而止的重要性,孩子的沟通能力就会得到质的提升。

而且,沟通还能让孩子互相了解对方,能够拓展并加深对世界的认识,最终能拓展孩子的行为。

任何时期都很重要的事：
芬兰爸爸快发怒时，就会去听森林的声音

让芬兰爸爸保持冷静的秘诀

在芬兰，我有幸与丈夫是芬兰人、妻子是日本人的夫妇聊天。

芬兰爸爸总是那么平静又温和，温和到让我忍不住问日本妈妈：

"孩子爸爸一直都那么温和吗？他不会生气吗？"

夫妻间保持平和，当然有益于夫妻关系，也能为孩子创造良好的成长环境。

可是观察了许多夫妻，并结合我自身的经验来看，现实生活中想要做到这样并不容易。我想应该不会有人永远都不生气吧？我的提问中其实带着点调侃的意味。当然，如果日

本妈妈的答案能给我一些启发就更好了。

然而，日本妈妈的回答叫我感到意外。

"这么说来，我确实从没见过我老公生气。倒是有几次感觉他马上要发火了，然后他就出门了，回来时他总是带着微笑。"

日本妈妈又反过来问芬兰爸爸：

"你到底去哪里干了什么呀？"

芬兰爸爸笑着回答：

"我去森林了。"

爸爸解释说，每当他心烦意乱的时候，就会去听森林的声音。

这样就能让烦躁的心情平静下来，等到大脑冷静后，就可以好好进行思考了。

科学研究表明，森林的声音对人有治愈效果

听了芬兰爸爸的话，我有些震惊，后来查阅资料后发现，此话原来有据可依。

说得专业一点，人的耳朵在听声音的同时，身体也在

感受耳朵听不到的超声波。这种状态能激活大脑的奖赏回路，调动自律神经。这就叫作"超高音速效应（Hypersonic Effect）"。

都市里一般不存在超高频的声波，但是在热带雨林里却不同。我们身边的树林也能产生这种声波。

芬兰爸爸从小就习惯了烦躁时去森林里走走，所以现在他能够在感到巨大压力之前平复情绪，做到从来不对人发火。

在芬兰，很多人都在不知不觉中养成了这种习惯。

从这对夫妻家出来，我也试着漫步在森林里。

走近森林深处，光线渐渐暗了下来，即使是成年人也感觉有些害怕，但就在这森林里，发生了令我惊讶的事。

我前方来了一位带孩子的妈妈。

在这片昏暗的森林里，遇到我这样的男性会不会让他们感到害怕？我这么担心着，想要尽量自然地从他们身边经过。

结果就在我们擦身而过时，对方先打了招呼："Hei（你好）。"我急忙回了一句："Hyvää iltaa（晚上好）。"然后从他们身边走过。

原来在芬兰，森林对于大家来说是这么安全的地方，而且芬兰人精神上如此成熟也让我感动。尤其是，在养育孩子的过程中,家长难免会感到烦躁,但他们却能自然而然找到解决的方法。

后来直到回日本前,我每天早晚饭后都会去森林里散步。虽然只停留片刻,我的心却得到了放松,全身都仿佛被赋予了一种巨大的能量。

可是回到日本后,我总是以忙为借口,很难挤出时间来继续这种片刻的小憩。虽然总想着要去森林走走,但实际上却很难做到。看来距离成为一个温和的父亲、温和的丈夫,我还有很长的路要走。

结束语

"育儿"不是让孩子完成父母的梦想,而是要和我们眼前的这个孩子一起寻找他与生俱来的天赋,并让他察觉到自己的天赋。

即使孩子进了重点学校,有了光鲜的工作,获得了显赫的名声与地位,如果他本人不觉得幸福,那么这一切都将毫无意义。

我们要做的,不是引导孩子按照我们期望的方式成长,而是要支持他找到一种适合自己的生活方式,即使被人质疑也能做到坚持到底。

我认为,"育儿"就是为孩子提供尽量多的选择,让他知道世界上有形形色色的人,而我们的人生也可以有很多种。

这本书里写了很多我从孩子身上学到的东西,而这些孩子里有人曾因虐待或霸凌而痛苦不堪,可即使痛苦,他们也还在努力地生活着。希望大家在了解了孩子的想法后,能够

结束语

与他们一起思考"什么才是最幸福的人生"。

最后我想向大家坦白，其实我不太喜欢"育儿"这种说法，因为它听起来有一种站在大人角度看待孩子的感觉。

但是，如果能在理解本书讲到的"儿童视角"后，帮孩子丰富"恰当的行为"，家长就能在养育孩子的过程中轻松不少，也能在静静的守护中享受孩子成长带来的快乐。

用这种视角来与孩子相处，我们反而会在某些瞬间感受到自己的成长，我们也能从"快乐育儿"的角度出发，享受育儿的过程。

在本书出版之际，我要感谢小山薰堂先生将我想极力分享给大家的"儿童视角"用优美的语言提炼出来，也要感谢小山恋子女士创作的精美儿童插画。同时，我还要感谢日本实业出版社的川上聪先生，怀着对孩子深沉的爱意与热情，将这些内容变得简单易懂。